LA MÉTHODE DES CAS

Guide orienté vers le développement des compétences

2e édition

Michel G. Bédard
Paul Dell'Aniello
Danielle Desbiens

LA MÉTHODE DES CAS

Guide orienté vers le développement
des compétences

2e édition

gaëtan morin
éditeur

CHENELIÈRE ÉDUCATION

La méthode des cas
Guide orienté vers le développement des compétences
2e édition

Michel G. Bédard, Paul Dell'Aniello et Danielle Desbiens

© gaëtan morin éditeur ltée, 1991, 2005

Éditeur: Pierre Frigon
Éditrice adjointe: France Vandal
Coordination: Dominique Page
Révision linguistique: Yvan Dupuis
Correction d'épreuves: Lucie Lefebvre
Conception graphique: Josée Bégin
Infographie: Yvon St-Germain

**Catalogage avant publication
de Bibliothèque et Archives Canada**

Bédard, Michel G.

La méthode des cas: guide orienté vers le développement
des compétences

2e éd.

Comprend des réf. bibliogr.

ISBN 2-89105-912-3

1. Cas, Méthode des. 2. Style commercial. 3. Rapports –
Rédaction. 4. Gestion – Étude et enseignement (Supérieur).
I. Dell'Aniello, Paul, 1931- . II. Desbiens, Danielle, 1944- .
III. Titre.

HD30.4.B42 2005   658'.00722   C2004-942071-2

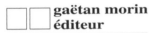

**gaëtan morin
éditeur**

CHENELIÈRE ÉDUCATION

7001, boul. Saint-Laurent
Montréal (Québec)
Canada H2S 3E3
Téléphone: (514) 273-1066
Télécopieur: (514) 276-0324
info@cheneliere-education.ca

ISBN 2-89105-912-3

Dépôt légal: 1er trimestre 2005
Bibliothèque nationale du Québec
Bibliothèque nationale du Canada

Imprimé au Canada

3   4   5   6   7   ITG   14   13   12   11   10

Nous reconnaissons l'aide financière du gouvernement du
Canada par l'entremise du Programme d'aide au développement
de l'industrie de l'édition (PADIÉ) pour nos activités d'édition.

Gouvernement du Québec — Programme de crédit d'impôt pour
l'édition de livres — Gestion SODEC

Tableau de la couverture:
Un vieux
Œuvre de **Dimitri Loukas**

Né dans l'île de Chio, en Grèce,
Dimitri Loukas a passé son enfance en
France; il est maintenant citoyen
canadien.

Peintre autodidacte intéressé par le
postcubisme et la géométrisation du
gestuel, Dimitri Loukas produit des
œuvres contenant de multiples défor-
mations spatiales et chromatiques des
objets et des personnages à travers une
organisation logique de lignes fluides.

On trouve ses toiles dans plusieurs
musées et collections privées et publi-
ques, tant en Amérique du Nord qu'en
Europe. Elles sont présentées à la
Galerie Michel-Ange de Montréal.

Avant-propos

La méthode des cas est une formule à laquelle peuvent faire appel des formateurs — notamment en milieu scolaire — pour la formation des médecins, des avocats, des travailleurs sociaux, des conseillers en relations humaines, etc. Tenant compte de la diversité des catégories de lecteurs auxquelles ils s'adressent, les auteurs emploient dans le présent ouvrage des termes généraux tels que « participants » pour désigner les personnes qui font de l'analyse de cas, et « formateurs » pour désigner celles qui animent les discussions.

La méthode joint l'art (savoir se conduire, savoir communiquer) à la science (savoir raisonner). Elle consiste à amener un groupe de personnes en formation à analyser, à discuter et à résoudre une situation problématique qui le plus souvent s'inspire de faits vécus.

Dans la première édition de cet ouvrage, les auteurs avaient abordé trois éléments centraux de la méthode des cas : l'analyse, l'animation et la rédaction de cas. L'ouvrage a connu un grand succès au Canada et à l'étranger ; des milliers d'exemplaires ont été vendus dans les établissements d'enseignement et dans les milieux de travail. De nombreux lecteurs en ont vanté les mérites, affirmant que les auteurs avaient su énoncer de façon à la fois claire et concise les principes essentiels de la méthode des cas. Dans cette nouvelle édition, les auteurs proposent de nouveaux éléments qui sont issus d'une réflexion approfondie et qui donnent suite aux suggestions des lecteurs. Leur réflexion les a aussi amenés à vouloir étendre l'application de la méthode des cas à d'autres formes de compétences de manière à donner à celle-ci encore plus de souplesse. Les auteurs ont ainsi ajouté une section qui porte sur la méthode des cas en tant qu'outil servant à « apprendre à apprendre ». Il leur est apparu que cet aspect de la méthode devait être mis en évidence dans la nouvelle édition. La méthode des cas s'applique avant comme après les discussions menées en classe. Elle implique d'abord un processus d'analyse : sélection des données, définition du problème, recherche des éléments de solution et, enfin, prise de décision concernant l'action à réaliser. Le travail que doivent accomplir les participants n'est pas seulement d'ordre intellectuel. L'analyse et la recherche d'une solution viennent à la suite d'un échange dynamique de points de vue entre les participants, le formateur ou l'enseignant, donnant lieu le plus souvent à une confrontation des idées. De plus, les réflexions qui ont précédé la décision ou la recommandation qui ont été formulées doivent ordinairement être résumées devant un auditoire. Dans le monde du travail, les personnes ont également à résoudre des problèmes : elles voient aussi très souvent apparaître des divergences d'opinions.

La méthode des cas sert notamment à « apprendre à apprendre ». Elle a aussi comme fonction d'amener les « apprenants » à tirer un enseignement de leur expérience en matière de résolution de cas et de description des faits et des événements. Il y a donc ici matière à formation dans la mesure évidemment où les participants sont conscients de leurs insuffisances et prêts à se livrer de façon intense à l'introspection. La démarche met ordinairement à profit les expériences déjà vécues par les participants, force ceux-ci à développer leur capacité d'observation et d'analyse et les conduit graduellement à mettre en application ce qui a été appris en prévision d'une éventuelle utilisation dans leur future carrière.

Un cas est d'abord lu individuellement. Puis il est généralement discuté en petits groupes et ensuite présenté, individuellement ou en groupe, devant la classe. Le choix de la formule est déterminant. D'une part, le travail en groupe oblige les participants à dégager un consensus de façon que le cas présenté devant l'auditoire ait une orientation précise ou qu'un rapport-synthèse puisse être rédigé. Au cours de ces discussions, les participants, souvent mis en présence d'opinions contraires aux leurs, apprennent à modifier et à approfondir leur manière d'interpréter les faits. Les discussions sont l'occasion de débats qui permettent aux participants d'apprendre à défendre leurs points de vue. L'exercice est exigeant, et divers phénomènes liés à la dynamique de groupe (leadership, persuasion, influence, climat organisationnel, etc.) peuvent influer sur le choix de la solution. D'autre part, la présentation individuelle est moins assujettie à la solidarité d'équipe et elle oblige le participant à assumer seul ses jugements et ses décisions. Cela constitue un autre apprentissage essentiel pour celui ou celle qui veut être capable de soutenir ses opinions.

La discussion fait partie intégrante de la méthode des cas. Un cas n'est en soi qu'un instrument ; il entre dans le champ d'application de la méthode lorsqu'il est analysé et discuté en équipe. Cet aspect, souvent oublié, revêt pourtant une grande importance. Pour être fructueuse, la discussion ne doit pas être ramenée à un simple débat ; en fait, elle doit être plus que la somme des interventions des individus. Le rôle du formateur consiste alors à veiller à ce que la méthode soit bien utilisée. Le meilleur des cas n'a de valeur que s'il est bien exploité et une situation simple peut dynamiser un groupe de participants si elle est abordée comme il convient. Le cas fournit un objet à la méthode ; il représente un fragment de la vie d'une entreprise ou d'un individu. Il reflète le fait que les caractères d'une situation donnée sont à la fois particuliers et typiques. Il comporte un certain nombre de renseignements de diverses natures qui permettent aux participants de comprendre la situation et d'aboutir à un certain nombre de conclusions à la suite d'un examen rigoureux. Un bon cas devrait soulever auprès des participants des questions concrètes et les amener progressivement à être capables d'assumer les rôles qui seront plus tard les leurs dans leur vie professionnelle. Cet aspect de la méthode appartient au rédacteur de cas. S'il est bien conçu, le cas intéressera le participant et lui donnera l'information nécessaire pour élaborer des hypothèses, bâtir des raisonnements solides et formuler des recommandations réalistes.

La méthode des cas comporte divers aspects. Quatre d'entre eux sont examinés dans ce manuel : le processus consistant à apprendre à apprendre, l'analyse de cas par le participant, l'animation et la rédaction de cas. Les chapitres du manuel traitent chacun d'un aspect. Le premier chapitre envisage la question de la méthode des cas sous l'angle du processus d'apprentissage dans lequel peut s'engager de manière consciente le participant qui se fonde sur son évolution personnelle et sous l'angle de l'intégration des faits nouveaux que la méthode des cas a permis de découvrir. Le deuxième chapitre porte sur l'analyse et la rédaction du rapport de cas ; il s'adresse également aux participants. Le troisième chapitre traite de l'animation avec la méthode des cas et s'adresse aux formateurs. Le dernier chapitre porte sur la conception des cas et devrait être utile à toute personne qui désire rédiger des cas.

Les trois auteurs sont des spécialistes de la méthode des cas. Michel G. Bédard coordonne depuis plusieurs années les cours d'introduction à la gestion des entreprises à l'École des sciences de la gestion à l'Université du Québec à Montréal. Pour aider les étudiants à se familiariser davantage avec la méthode des cas, le professeur Bédard a rédigé divers ouvrages sur le sujet. Danielle Desbiens a également répondu au même type de besoin puisqu'elle a coordonné les cours d'introduction en comportement organisationnel offerts aux étudiants inscrits aux programmes d'administration de l'École des sciences de la gestion. Comme Michel G. Bédard, elle utilise la méthode des cas dans les cours du niveau de la

maîtrise qu'elle donne au Québec et à l'étranger. Psychologue de formation, elle s'intéresse particulièrement aux apprentissages liés à la méthode
des cas. Enfin, Paul Dell'Aniello a enseigné plusieurs années la méthode des
cas au Québec comme à l'étranger dans le cadre de divers programmes.
Il est aussi l'auteur de nombreux cas traitant de la PME au Québec

TABLE DES MATIÈRES

Avertissement

Dans cet ouvrage, le masculin est utilisé comme représentant des deux sexes, sans discrimination à l'égard des hommes et des femmes, et dans le seul but d'alléger le texte.

CHAPITRE 1

Apprendre à apprendre avec la méthode des cas

*Sans la pratique,
une théorie est inutile.*

Pensée zen

1.1 Introduction

La méthode des cas est une approche pédagogique moderne et flexible malgré ses origines très anciennes qui remontent au temps de Socrate, père de la maïeutique. Elle est utilisée en Amérique depuis des décennies. Les facultés de droit et de médecine ont été parmi les premières à l'employer. En droit, elle sert à comprendre la logique des décisions rendues dans le passé en vue de faire le meilleur usage possible de la jurisprudence dans un dossier donné ou de faire avancer la pensée juridique. En médecine, on l'utilise pour développer l'habileté diagnostique et thérapeutique. Les étudiants en médecine ainsi que le médecin responsable de l'enseignement clinique apprennent à réfléchir ensemble et à prendre des décisions rapides, ce que l'on appelle en anglais le *thinking on your feet*.

La méthode des cas s'adapte très bien aux besoins de l'enseignement de la gestion. Des pionniers (Leenders, Erskine et Maufette-Leenders, 2001) de la formation à la méthode des cas au Canada dressent l'inventaire suivant des habiletés que cette méthode permet de développer, soit : l'analyse, la prise de décision, l'application (transfert d'apprentissage), la communication orale, les relations interpersonnelles ou sociales, la créativité, la communication écrite et même la gestion du temps. Nous proposons d'ajouter à la liste le savoir-apprendre.

Nous sommes constamment en apprentissage depuis notre naissance. Sans l'apprentissage, nous ne serions pas devenus l'homme ou la femme que nous sommes aujourd'hui. Apprendre fait partie de notre vie quotidienne. L'apprentissage ne se fait pas seulement en classe. Considéré dans son sens le plus large, il peut se faire presque en tout lieu, à tout âge, par des moyens divers et sur plus d'un aspect à la fois. Le nourrisson apprend à utiliser ses cris et ses larmes pour attirer l'attention et recevoir de la nourriture. Pour sa part, le parent apprend à distinguer les cris du bébé affamé de ceux du bébé simplement incommodé. Par des efforts persévérants, le jeune enfant réussit à conduire une bicyclette, et l'adolescent à utiliser les jeux électroniques. Enfin, l'adulte tire les leçons de ses expériences et prend des résolutions. Dès qu'une personne revoit ses façons de faire, on peut affirmer qu'elle est en mode d'apprentissage.

1.2 La nouvelle compétence en gestion : le savoir-apprendre

Apprendre est essentiel dans toutes les situations, à plus forte raison en milieu de travail. La nécessité de savoir apprendre apparaît encore plus évidente si on considère l'incidence des nouvelles organisations du travail et le contexte dans lequel elles sont implantées.

Ce contexte se caractérise par des changements constants. Les analystes prévoyaient il y a 10 ans que le quart des connaissances acquises et des pratiques alors appliquées seraient devenues désuètes au début du XXIᵉ siècle, que le nombre de personnes travaillant à la maison serait 20 fois plus élevé, qu'on changerait de carrière tous les 10 ans et d'emploi tous les 4 ans, et, enfin, que la semaine de 40 heures serait depuis longtemps remplacée par quelque chose de mieux. Ces prévisions ont orienté l'esprit de changement. Cependant, plus encore que par leur fréquence, leur diversité et leur nombre, les changements en ce début du XXIᵉ siècle se caractérisent par leur rythme accéléré. « Le futur arrive de plus en plus vite », a dit un jour un collègue enseignant, Paul Dell'Aniello. La durée de vie d'une compétence devient alors de plus en plus courte. Les postes permanents sont plus rares. Les occasions sinon les obligations de changer d'emploi et de poste se sont multipliées. « Dès lors, pour réussir dans cette mouvance, comme le dit R. Foucher (2000), il vous faudra régulièrement réévaluer vos habiletés et vous repositionner par rapport aux exigences de votre travail. »

Appliquer des règlements sans en comprendre la raison d'être était possible dans les anciennes bureaucraties. Les individus travaillaient dans un champ d'intervention qui était délimité avec précision. Un ensemble de règles et de procédures servait à les encadrer. Aujourd'hui, les organisations informent leurs employés des objectifs à atteindre ; elles leur laissent le soin de concevoir les moyens de les réaliser et leur confient les pouvoirs décisionnels nécessaires pour agir. La responsabilisation n'est plus le seul apanage de la direction. Chacun des membres de l'organisation doit être capable d'anticiper les problèmes, de se prendre en charge, de s'affirmer, d'expliquer, d'écouter, de comprendre, de gérer les conflits.

Au moment de l'évaluation, le leadership, la capacité à travailler en équipe et à s'adapter aux diverses situations, la pensée stratégique, le pouvoir de réflexion sont pris en compte. Les compétences valorisées aujourd'hui sont beaucoup plus de l'ordre du savoir-être. Les acquérir et les développer demandent un travail en profondeur qui dépasse la simple acquisition de connaissances.

Le travailleur d'aujourd'hui doit être vigilant. Quels que soient ses fonctions ou le rôle qu'il joue, il se heurte constamment à ses propres limites. Les règles du jeu changent continuellement et les points de repère aussi. Tel service n'existe plus, tel collègue a changé de poste. L'utilisation de nouvelles technologies est inévitable.

> Dorénavant, la majorité des travailleurs ne pourront plus simplement répéter des routines apprises une fois pour toutes. Ils devront se montrer capables d'apprendre, ce qui exige l'adoption de stratégies d'apprentissage appropriées et la connaissance des moyens permettant la mise à jour des connaissances. (Foucher, 2000.)

En somme, dans les organisations d'aujourd'hui, un quatrième savoir serait nécessaire : le « savoir-apprendre ». Associé aux trois autres savoirs — le savoir, le savoir-faire et le savoir-être —, ce quatrième savoir exige de la part de l'individu qu'il acquière d'abord une sensibilité à lui-même comme apprenant et qu'il connaisse ses propres modes d'apprentissage, qu'il sache en somme apprendre à apprendre.

Malheureusement, « il semble que les fondements de l'apprentissage en milieu de travail soient un peu oubliés », soutient Chris Argyris (1978). Ce spécialiste reconnu pour sa réflexion sur les aspects humains de la gestion écrit : « Le succès sur le marché du travail dépend de plus en plus de l'apprentissage et la majorité des gens ne savent plus comment apprendre… » Il doute fortement de la capacité des gestionnaires et des travailleurs à prendre en charge le processus même de l'apprentissage. Nous sommes, quant à nous, moins pessimistes. Bien qu'on puisse apprendre malgré soi, de façon plus ou moins conditionnée, l'apprentissage est un processus sur lequel un individu peut agir. Il est possible d'apprendre à apprendre. Nous apprenons depuis la première tétée, la première brûlure et les premières lectures. Cela étant admis, que nous faut-il faire pour apprendre à apprendre et comment la méthode des cas peut-elle nous y aider ?

Afin de montrer comment on apprend à apprendre, examinons un cas vécu.

1.3 **Apprendre à apprendre : le cas d'André**[1]

André, un Québécois originaire de la région de Sherbrooke, étudiant à l'Université Harvard dans les années 1960, assiste à son premier cours de maîtrise en administration des affaires. Il est particulièrement fier d'étudier dans une prestigieuse université américaine, renommée pour l'application qu'elle fait de la méthode des cas. N'est-il pas un des rares Québécois francophones à avoir été sélectionnés parmi des centaines de candidats ? L'institution a réparti les étudiants selon leur formation et leur origine. La veille, dans la chambre de l'unité B du pavillon Galletin qu'il partage avec deux autres étudiants, il a soigneusement analysé le cas prévu pour ce cours. Il est presque certain d'avoir la meilleure analyse. À la différence de ses compagnons d'études, il n'a pas senti le besoin de discuter avec les autres de son interprétation. « Je suis certain d'avoir la bonne réponse, s'est-il dit. Ce n'est pas la peine de passer du temps en réunion avec mes camarades pour si peu. » André est sûr de lui. Cette assurance se fonde sur ses succès antérieurs. Au cours de ses études secondaires, il a raflé presque tous les premiers prix et, plus tard, pendant ses études de baccalauréat, il a obtenu des notes exceptionnelles. De plus, il est licencié en droit et en gestion.

Le cas qu'avait à traiter André portait sur l'achat d'une agrafeuse dans une imprimerie. Le professeur amorce la discussion avec la question suivante : faut-il ou non acheter l'appareil ? André lève la main et, d'une voix assurée, répond : « Oui, sans aucun doute ! » Il est fier de montrer à ses nouveaux compagnons d'études ce dont est capable un licencié de l'Université de Montréal. Le professeur poursuit sa consultation. Un autre étudiant répond « non » et apporte des arguments qu'André juge intéressants. Un autre encore répond par l'affirmative en exposant des raisons différentes de celles d'André. Les idées et les opinions formulées lui paraissent toutes plus judicieuses les unes que les autres. Il n'avait pas songé à considérer la question sous ces différents angles. « Pas bête… je n'avais pas pensé à cela », se dit-il. Il n'avait pas prévu cette multiplicité de points de vue.

Cette expérience en classe méritait réflexion. De retour dans sa chambre, André cherche à comprendre ce qui s'est passé pendant le cours. « Qu'est-ce qui n'a pas fonctionné ? se demande-t-il. Je me suis préparé comme j'ai l'habitude de le faire. J'ai une bonne mémoire et je sais manier les concepts. Je dois cependant admettre que les idées des ingénieurs de la classe sont

---

1. Nous voulons remercier M. André B. d'avoir accepté que son expérience personnelle serve à illustrer nos propos.

beaucoup plus pratiques que les miennes. Que me faut-il faire si je veux utiliser au mieux cette nouvelle approche pédagogique ? » Il réfléchit aux éléments qui lui ont paru importants. Il ne regrette pas d'avoir pris le risque de lever la main le premier et d'avoir exprimé son opinion dans un anglais imparfait. Il doit cependant admettre l'idée qu'un problème ou une situation peuvent être considérés sous plusieurs angles et s'avouer à lui-même que ceux qui s'étaient consultés la veille avaient une argumentation beaucoup plus solide que la sienne.

Les réflexions auxquelles il s'était livré ce jour-là, André ne les a jamais oubliées. Une quarantaine d'années plus tard, il en parle avec autant d'animation que s'il les avait faites la veille.

1.3.1 **Les apprentissages d'André**

Aux dires d'André, le principal apprentissage qu'il a fait ce jour-là a été de constater que tout problème pouvait être considéré de divers points de vue et que, conséquemment, il pouvait recevoir plusieurs solutions. Des échanges survenus en classe, il a retenu que son opinion pouvait peser plus ou moins selon le contexte et selon la valeur de celle qui a été exprimée avant la sienne. Il s'est aperçu qu'une bonne idée ne suffit pas, que la communication est importante et que son point de vue, si valable qu'il fût, ne serait pris en considération que s'il parvenait à le défendre devant l'auditoire formé par ses compagnons et le professeur. Enfin, il admettait maintenant les avantages de la préparation en équipe.

Sur le plan personnel, il a pris conscience de ce qui le distinguait des autres, tout en appréciant leurs qualités. Il s'est rendu compte qu'un esprit d'émulation régnait dans le groupe et que les individus se complétaient les uns les autres. Il a compris que la méthode des cas ne consistait pas seulement à analyser un problème et à fournir des solutions.

Plus que la matière enseignée ce jour-là, André se rappelait le contexte, la manière de résoudre le cas examiné en classe et la façon dont il avait lui-même agi. Il se souvenait de l'attitude et des sentiments qu'il avait, et des motifs qui l'avaient amené à prendre en charge son apprentissage. En somme, cette journée-là, André avait appris à apprendre avec la méthode des cas.

1.3.2 **Apprendre à apprendre**

Il est possible de dégager du cas d'André certains éléments essentiels du processus consistant à apprendre à apprendre.

A. Le but recherché et la motivation

Nous aurions pu, dans notre description du cas d'André, faire d'abord état de ses lectures et de ses premières analyses. C'est à dessein que nous avons, d'entrée de jeu, mis en évidence la prise de conscience qui est survenue en classe. Le malaise qu'André a éprouvé l'a amené à réfléchir. Il n'avait pas une idée claire de la situation, mais son sentiment était suffisamment puissant pour le faire réagir. Son but, plus ou moins conscient, était de montrer sa compétence. Il était bien déterminé à réussir dans son nouveau milieu. Le fait que son geste en classe n'ait pas eu l'effet prévu l'a poussé à réfléchir sur sa façon de faire. La motivation, bien qu'elle soit parfois plus ou moins consciente, est toujours présente. Elle donne à l'action l'élan nécessaire.

Il convient d'insister sur la confiance qu'André a dans sa capacité d'apprendre. Cette confiance est probablement due à l'image positive qu'il a de lui-même et au sentiment de compétence acquis au cours de ses études. La confiance en soi contribue à stimuler la motivation. Si elle est faible, l'individu risque de ne pas persévérer dans ses efforts. Une bonne estime de soi favorise le développement d'attitudes combatives face aux difficultés de la vie.

B. L'expérience

La sensibilité à une expérience (*awareness*) est susceptible de varier. Notre conscience est réceptive à tout ce qui se passe en nous et à l'extérieur de nous. En classe, André a été capable à la fois de vivre l'expérience d'apprentissage et de capter certains éléments qui la composent. Présent à lui-même, il avait une vision stratégique de ce qui se passait. Ayant toujours à l'esprit l'objectif de prendre sa place, il a défendu ses idées. Il s'est ensuite questionné sur les raisons pour lesquelles son intervention n'a pas eu plus d'effet. Il n'est pas donné à tout le monde d'avoir le sens de l'observation d'André, mais il est possible à chacun de développer cette capacité d'être réceptif au temps présent au cours de l'action, de sentir ce qui se passe en soi et autour de soi. L'attention portée à ce qui se passe permet de recevoir l'information qui doit servir à alimenter la réflexion et l'analyse. Les données recueillies peuvent servir sur-le-champ, dans le cœur de l'action, ou plus tard. Les informations obtenues sont le point de départ de la démarche. Plus les éléments d'analyse dont on se souvient sont nombreux, plus la base d'apprentissage est large.

C. L'observation et l'analyse

L'apprentissage d'André n'a pas consisté seulement en une réflexion sur l'utilisation des nouvelles technologies telles que l'agrafeuse. André a aussi appris à un niveau plus profond. L'analyse à laquelle il s'est livré après le cours l'a amené à rectifier ses façons de faire. Pour atteindre son objectif, qui était de maîtriser la méthode des cas telle qu'elle était appliquée à Harvard, il lui fallait en particulier modifier sa façon de se préparer. Il lui fallait expérimenter d'autres façons de comprendre et d'analyser. Il a constaté qu'il s'était préparé « comme d'habitude », se fiant à sa mémoire et s'appuyant sur les connaissances déjà acquises. Il n'avait pas vu les avantages que présentaient les échanges en groupe. Il devait considérer le cas à l'étude sous tous les angles, envisager favorablement la préparation avec ses compagnons d'études, en somme être moins rigide dans sa recherche de solutions. Il lui a donc fallu s'appliquer à faire une critique serrée et la plus objective possible de sa manière d'apprendre. Il a analysé « son cas ».

Une prise de conscience qui s'accompagne de la prise en charge du processus par l'apprenant résume bien ce que représente le fait d'apprendre à apprendre. Il faut prendre en compte cependant que les autres ne peuvent le faire à la place de la personne concernée. Chacun est responsable de ses apprentissages et le fait par l'intermédiaire de l'appropriation et de l'intégration.

D. L'appropriation et l'intégration

Une réflexion ou une prise de conscience qui ne débouchent pas sur l'action restent vaines. Dans le cas d'André, la mise en œuvre de nouvelles manières d'agir a eu des suites positives. Il a modifié sa manière de se préparer. Il a ensuite compris que le fait d'avoir revu ses habitudes le rapprochait de son objectif de réussite.

Je m'approprie le processus d'apprentissage lorsque je comprends quelle peut être son utilité pour moi. C'est lui donner un sens. C'est savoir quand, comment et où l'utiliser. Intégrer, c'est faire fusionner en moi de nouveaux éléments avec ce que je sais déjà. L'appropriation et l'intégration mènent vers de nouvelles applications et, par conséquent, vers l'acquisition de nouvelles compétences.

Dans le cas d'André, on peut distinguer une appropriation et une intégration à court terme et une intégration à long terme. La journée même de son cours, André a procédé à des réajustements qui lui ont permis de faire mieux par la suite. L'amélioration observée dans sa conduite dans les cours suivants lui a montré qu'il maîtrisait le processus. La répétition en a permis l'intégration et, par la force de l'habitude, il est arrivé à en faire un nouveau mode d'apprentissage. L'intégration plus profonde est survenue plus tard dans sa vie professionnelle. Durant sa carrière de gestionnaire et de conseiller, André s'est toujours fait un point d'honneur, avant de prendre une décision ou de dégager une solution, d'examiner les différents points de vue exprimés et de les faire connaître aux personnes intéressées. En modifiant sa façon d'apprendre, il augmentait ses chances de succès.

E. En résumé

La discussion de cas en classe a permis à André de discerner différents modes plus ou moins complexes d'apprentissage. Plus que l'occasion d'assimiler des notions de gestion, elle lui a fourni la possibilité d'améliorer sa façon d'apprendre.

L'expérience relatée par André plusieurs années plus tard donne une idée du regard que l'apprenant peut porter sur son processus d'apprentissage et des applications qui s'y rapportent. Pour apprendre de ses expériences, il faut pouvoir les examiner avec un œil critique. Cela exige qu'on soit attentif à soi, qu'on prenne les décisions qui s'imposent et qu'on s'occupe activement de son apprentissage. Au lieu d'incriminer le comportement du professeur ou de s'attacher à faire ressortir les faiblesses de la méthode, André a choisi de concentrer son attention sur lui-même. Il avait confiance en sa capacité d'apprendre, et son attitude était positive. Il était donc prêt à faire des expériences nouvelles, à découvrir de nouvelles façons d'apprendre.

Chacune des étapes franchies par André est décrite dans la figure 1.1. Le processus consistant à apprendre à apprendre commence par une expérience d'apprentissage qui se fait avec plus ou moins de concentration d'esprit. Un déclencheur interne ou externe suscite un questionnement et un souci d'observer. De la réflexion émergent des constats, des prises de conscience et, finalement, la décision de modifier sa façon d'agir, si on traite et fait sien le problème. La motivation de départ joue un rôle de catalyseur dans tout ce processus. En appliquant systématiquement les apprentissages aux nouvelles pratiques, on les y intègre peu à peu. Plus on les applique, plus il est facile de les intégrer dans de nouvelles pratiques et d'en faire une compétence.

Apprendre à apprendre, c'est d'abord apprendre, et apprendre, c'est plus qu'étudier. Le fait d'apprendre entraîne un changement de comportement plus ou moins permanent qui peut être positif ou négatif. Apprendre à apprendre, c'est prendre en charge le processus d'apprentissage en vue de développer la capacité même d'apprendre. Une fois qu'il a pris conscience de ses lacunes, l'apprenant cherche à s'améliorer. Il lui faut par la suite gérer son apprentissage, se fixer une ligne de conduite.

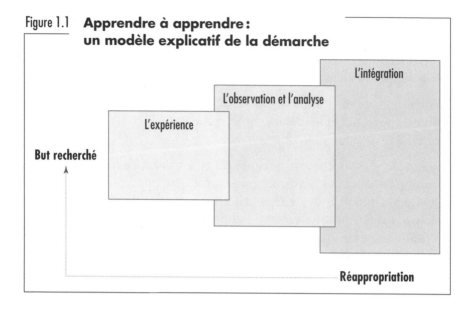

Figure 1.1 **Apprendre à apprendre : un modèle explicatif de la démarche**

Apprendre est un processus. Le point de départ de ce processus est la « volonté d'apprendre », et son point d'arrivée, l'acquisition de la compétence recherchée. La volonté d'apprendre se traduit par la réceptivité à l'égard de l'information provenant du milieu, par la recherche active d'occasions d'apprendre, par la curiosité intellectuelle (Foucher, 2000). La motivation peut être positive : elle peut résider dans le fait de vouloir se développer. Elle peut être négative aussi : la personne peut vouloir, par exemple, ne pas être perçue comme un cancre. Elle suppose une connaissance de ses limites et une confiance en soi assez grande pour vouloir venir à bout des obstacles.

Il peut être difficile pour certains de se prendre en charge. Dans leurs années d'enfance, ils ont appris en obéissant ou en se conformant aux désirs des autres. Ils attendent que le professeur ou le formateur leur dise quoi faire, où chercher l'information. Cette attitude de dépendance est malheureusement très courante. Elle est encouragée par certaines méthodes pédagogiques tenues pour innovatrices. Les obstacles à l'apprentissage peuvent donc venir de l'apprenant lui-même.

1.4 **Conclusion : apprendre à apprendre avec la méthode des cas**

Comment utiliser la méthode des cas pour apprendre à apprendre ? Un certain nombre d'éléments doivent être présents : être motivé à apprendre, avoir défini des objectifs d'apprentissage, être attentif à ce qui se passe en soi et dans son environnement immédiat, être prêt à se prendre en charge en tenant compte des exigences de la situation et avoir une attitude réceptive à l'égard du changement.

La méthode des cas comporte trois éléments essentiels : la méthode elle-même, l'apprenant et les compétences recherchées par ce dernier (voir la figure 1.2).

Apprendre, c'est découvrir quelque chose à travers l'expérimentation. N'importe quelle activité peut être une occasion d'apprendre. D.A. Schön (1994), consultant industriel, gestionnaire dans le domaine des technologies, urbaniste et professeur, estime que la réflexion sur la pratique professionnelle est une riche source d'apprentissage. Nous sommes tous capables de réfléchir sur nos pratiques et sur nos expériences professionnelles. Pour apprendre d'une expérience, il faut savoir la reconnaître et l'étudier. Il en est de même de notre expérience d'apprentissage.

Figure 1.2 **Apprendre à apprendre : la dynamique**

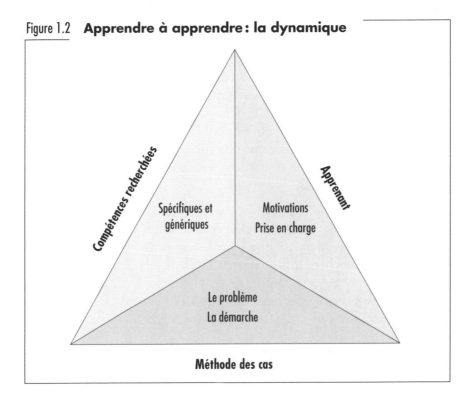

CHAPITRE 2

L'analyse de cas : guide du participant

> *Je tiens pour impossible*
> *de connaître les parties*
> *sans connaître le tout,*
> *non plus que de connaître le tout*
> *sans connaître particulièrement*
> *les parties.*
>
> **Blaise Pascal**

2.1 Introduction

L'analyse de cas est un outil pédagogique qui permet au participant de développer sa capacité d'analyse et sa capacité de prendre des décisions dans un univers caractérisé par le risque et l'incertitude.

Dans cette section, on présente une méthode visant à améliorer la discussion dans les équipes de travail. On montre comment extraire l'information contenue dans un cas, comment vérifier son propre travail selon des critères objectifs et comment rédiger un rapport final.

2.2 Mise en situation

2.2.1 Vue d'ensemble

L'une des fonctions du gestionnaire consiste à résoudre les problèmes qui surgissent dans son milieu de travail. L'étude de cas constitue un moyen d'apprentissage qui permet à l'apprenant de résoudre des problèmes de gestion, de développer sa capacité d'analyse et de se familiariser avec la prise de décision dans un univers caractérisé le plus souvent par le risque, l'incertitude et la turbulence.

Normalement, le cas correspond à une situation vécue dans l'entreprise. Les données permettent au participant de définir le problème et de choisir parmi plusieurs options possibles celle qui convient le mieux.

Les problèmes et les analyses proposés aux participants, soit individuellement, soit en groupe, peuvent faire l'objet de discussions en classe. Cela permet le partage des connaissances et des expériences personnelles ainsi qu'une analyse plus approfondie des options.

Figure 2.1 **Les étapes de l'analyse de cas**

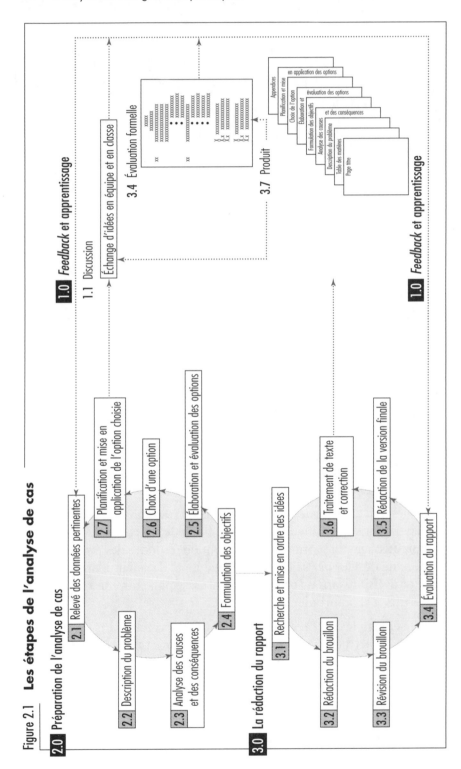

Le cas peut également faire l'objet d'un rapport, et ce dernier constitue l'aboutissement du travail d'analyse accompli seul ou en groupe. Il fait état des problèmes à résoudre, des facteurs critiques, des options possibles, de recommandations concrètes et de la mise en application de ces options.

L'analyse de cas proprement dite comporte deux étapes : la résolution de cas (section 2.3) et la rédaction du rapport d'analyse (section 2.4). Un exemple de rapport est présenté à la section 2.5.

La figure 2.1 rend compte des relations existant entre les sections et les sous-sections du présent guide. Elle décrit les étapes d'analyse et de rédaction. La qualité d'un rapport est déterminée par l'ensemble des étapes et non seulement par la qualité de la solution recommandée.

On observe une interdépendance entre les activités liées à l'aspect formel du processus. Certes, chaque cas est unique et il importe que l'analyste tienne compte des particularités de chaque discipline (marketing, comportement organisationnel, stratégie d'entreprise, relations industrielles, administration publique, etc.). Cependant, le processus que l'on décrit est universel.

Les étapes de préparation et de rédaction sont présentées ici selon une approche séquentielle, mais, dans la pratique, il peut en être autrement. Pour diverses raisons, il est parfois nécessaire de reprendre l'analyse à des étapes antérieures. Il serait alors plus juste de percevoir le processus sous un angle itératif.

2.2.2 Le cas

Les cas ont rapport à des faits ou à des événements qui se sont produits ou qui pourraient se produire dans l'organisation. Ils décrivent une situation donnée. Les données écrites relatives au cas ne sont ni toujours complètes ni toujours précises. Afin de combler ces lacunes, le participant, tout comme le dirigeant, doit, dans la pratique, formuler des hypothèses à partir des observations qu'il a menées, en se basant sur l'expérience et

Figure 2.2 **Quatre types de situations de cas**

		Quantité et qualité des faits			
		Élevée		Faible	
Degré de structuration	Élevé	Connue et structurée	1	Moins connue et structurée	2
	Faible	Connue et peu structurée	3	Moins connue et peu structurée	4

les connaissances qu'il a acquises. Ainsi, le cas unit la théorie (connaissances) avec la pratique (situation réelle vécue dans l'entreprise).

Dans l'organisation, le participant joue en quelque sorte le rôle de conseiller interne ou externe, de « preneur de décisions », ou de stratège. Dans cette perspective, le cas lui permet de constater que la gestion est à la fois un savoir formel et une science appliquée offrant des schémas conceptuels et des méthodes pratiques destinées à augmenter l'efficacité des actions (voir la figure 2.3).

L'analyse de cas n'est pas uniquement un processus rationnel. En fait, elle requiert énormément d'intuition. Elle permet au participant de développer ses facultés intellectuelles et ses connaissances, son jugement et sa capacité de prendre des décisions. Par ailleurs, le travail de gestion s'améliore à mesure que le participant prend de l'expérience, qu'il maîtrise les méthodes permettant de structurer les problèmes et qu'il applique avec succès les options retenues (voir la figure 2.4).

Figure 2.3   **Les activités associées à la pratique du gestionnaire**

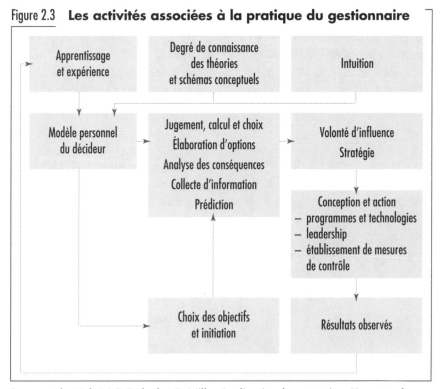

Source : Adapté de M.G. Bédard et R. Miller, *La direction des entreprises. Une approche systémique, conceptuelle et stratégique*, Montréal, Chenelière/McGraw-Hill, 2003, p. 307.

Figure 2.4 **Les trois étapes de la résolution d'un problème**

Étape 1	Information	Activités de recherche des données pertinentes
Étape 2	Décision	Activités d'établissement et de définition du problème
		Activités associées à l'analyse des causes et des conséquences
		Activités associées à la formulation des objectifs
		Activités associées à l'élaboration et à l'évaluation des options
		Activités associées au choix d'une option
Étape 3	Stratégie de mise en application	Activités associées à la planification et à la mise en application de l'option

2.2.3 **Les objectifs de l'analyse de cas**

En résumé, en tant que méthode d'apprentissage, l'analyse de cas vise plusieurs objectifs :

• *améliorer le jugement du participant,* qui doit choisir parmi les options proposées par ses pairs celle qui convient le mieux (composante informationnelle). Pour ce faire, il doit savoir confronter son opinion à celle des autres, évaluer les données du cas, établir leur validité et faire la différence entre les faits et les opinions ;

• *stimuler le sens de l'initiative et la créativité du participant,* en lui permettant d'utiliser ses expériences et ses connaissances pratiques pour interpréter les faits et juger de leur importance relative (composante décisionnelle). Cependant, il est essentiel de s'assurer que toutes les hypothèses émises s'appuient sur des données se rapportant au cas ;

• *amener le participant à développer sa capacité de raisonnement et de communication.* Il doit être capable de formuler sa pensée de façon claire et être persuasif (composante interpersonnelle). L'analyse qu'il est appelé à réaliser doit suivre un certain nombre d'étapes logiquement liées entre elles ;

• *développer chez le participant le sens des responsabilités.* Il importe de lui faire envisager les conséquences à long terme de ses décisions et aussi de lui faire prendre en compte les aspects humains inhérents à la situation.

En conclusion, l'analyse de cas est une méthode d'apprentissage qui consiste non pas à employer des formules toutes faites, mais à rechercher, face à des cas complexes, des solutions qui tiennent compte de tous les aspects du problème.

A. Les approches analytiques

L'approche systémique L'approche systémique considère l'unité (organisation, service, groupe, individu, etc.) comme un système qui transforme des « intrants » en « extrants ». Il est important de connaître tous les éléments du système — marchés, environnements externe et interne (intrants), priorités, tâches principales — et les interrelations entre ces éléments (transformation). Les schémas et les tableaux mettant en évidence les relations de cause à effet entre variables constituent des outils essentiels dans cette approche.

L'objectif habituellement poursuivi est de concevoir et de mettre sur pied un nouveau système ou de réorganiser un système déjà existant (extrants).

L'approche comportementale Le comportement et les relations interpersonnelles sont les éléments clés de l'approche comportementale. Les individus et les groupes formels ou informels constituent les « unités d'analyse ». Dans cette approche, la motivation, la communication, les besoins, l'idéologie, les attitudes, les valeurs, la structure, etc., sont généralement pris en considération.

L'approche décisionnelle L'approche décisionnelle comporte l'utilisation d'un certain nombre d'outils d'analyse ou de modèles servant à rechercher et à évaluer les différentes options (analyse de coûts, analyse *pro forma*, réseau du chemin critique, diagramme de Gantt, seuil de rentabilité, arbre de décision, etc.).

L'approche mixte Bien souvent, on doit utiliser les trois approches dans un même cas, car celles-ci se complètent les unes les autres. Par exemple, le cas décrit à la section 2.5 est analysé principalement selon l'approche comportementale ; on aurait pu aussi adopter une approche décisionnelle ou systémique.

B. Les types d'analyse de cas

Les analyses de cas sont, en général, de quatre types : l'analyse conceptuelle, l'analyse spécialisée, l'analyse initiale et l'analyse intégratrice.

L'analyse conceptuelle Elle consiste en un examen approfondi des principaux éléments du cas. S'appuyant sur un certain nombre d'éléments quantitatifs et qualitatifs, elle formule des recommandations précises.

L'analyse spécialisée Elle se penche sur un aspect déterminé du cas (p. ex., la finance, le comportement, la production) et fournit de nombreux détails.

L'analyse initiale Elle examine les aspects sous lesquels il est le plus logique d'aborder le cas. Le participant dégage les éléments essentiels et indique les diverses options qu'il y aurait lieu d'étudier au cours de la discussion en classe.

L'analyse intégratrice Elle intègre des données provenant de l'industrie, des rapports annuels, de l'expérience personnelle des participants, etc. Ces données servent généralement à éclairer un aspect particulier du cas à l'étude.

2.2.4 **La discussion en classe**

A. *Le rôle de l'étudiant ou du participant*

Puisque le but de l'étude de cas est d'améliorer la capacité d'analyse du participant, ce dernier doit prendre une part active à toutes les discussions, aussi bien en classe qu'au sein de son équipe. Le succès de la discussion en séance plénière dépend du degré de préparation de chaque participant. Par ailleurs, ce n'est que si chacun, individuellement, a mené une analyse rigoureuse qu'il sera possible, en groupe, de considérer tous les aspects du problème. Les options proposées par les participants auront alors au moins le mérite d'être cohérentes et vraisemblables.

Le participant doit non seulement se préparer sérieusement, mais aussi être capable d'énoncer ses idées de façon claire et précise. La réussite du débat en classe repose, en grande partie, sur cette compétence. Le participant doit faire valoir son point de vue et aussi considérer les idées formulées par les autres.

B. *Le rôle du professeur ou du formateur*

Le formateur doit faciliter l'apprentissage quand il anime la discussion. Il doit aider les participants à découvrir certains aspects du cas qui n'ont pas été envisagés, diriger la discussion et poser des questions susceptibles d'éclairer le débat. Le rôle du formateur ou de l'animateur est examiné en détail dans le chapitre 3.

C. *Le rôle de la critique*

Les participants doivent s'attacher à rendre les échanges en classe animés et enrichissants. Une critique à la fois constructive et éclairée contribue à assurer le succès de l'apprentissage de la méthode d'analyse de cas.

Une fois qu'il a exposé ses idées, le participant demeure attentif à la critique qu'en font les autres. Il écoute avec attention tous les commentaires, même ceux qui expriment des points de vue opposés au sien. Il apprend également à prendre en compte le jugement de ses collègues et à inclure dans son analyse les éléments jugés valables de façon à arriver à l'option la plus judicieuse possible (voir le chapitre 1 : Apprendre à apprendre avec la méthode des cas). Bref, la critique qu'il s'agit de faire a pour but d'éclairer et non pas de détruire.

2.2.5 **Les équipes**

L'un des éléments essentiels de l'analyse de cas est le travail en groupe. Celui-ci a pour but de situer les participants dans le cadre réel des entreprises où travaillent des gestionnaires qui proviennent de divers milieux, qui ont des idées, des valeurs et des comportements différents, et qui sont appelés à prendre des décisions servant au mieux l'intérêt commun, c'est-à-dire celui de l'entreprise.

Ainsi, les participants sont divisés en équipes afin de préparer et de présenter l'analyse. L'expérience a par ailleurs démontré en milieu scolaire que l'efficacité du travail en équipe est influencée par six facteurs. Premièrement, il est conseillé de former les équipes au début du trimestre. Deuxièmement, le nombre idéal de participants dans une équipe se situe entre trois et cinq. Troisièmement, pour que le travail soit bien fait, il faut que les membres de l'équipe aient une attitude sérieuse ; ils doivent être présents aux rencontres de groupe et fournir l'effort nécessaire. Quatrièmement, on doit rechercher la diversité : il est important d'avoir des participants qui ont des expériences personnelles ou professionnelles différentes. Les points de vue seront alors variés. Cinquièmement, il est primordial que l'entente règne entre les membres de l'équipe, sinon le travail s'en trouvera affecté. Sixièmement, tous les participants doivent avoir une attitude responsable, aussi bien à l'étape de la préparation individuelle qu'à celle du travail en groupe.

2.3 **La résolution de cas**

Une analyse de cas n'est pas aussi simple à réaliser qu'on pourrait le croire au premier abord. L'intuition ne suffit pas. Le participant doit apprendre à raisonner de façon logique. La pratique peut l'y aider. Mais avant tout, pour pouvoir apprendre, il doit admettre qu'il est faillible. Avec de la persévérance, il arrivera à maîtriser les diverses étapes du processus d'analyse. Ces étapes sont les suivantes : la collecte des données, la description du problème, l'analyse des causes et des conséquences, la formulation des objectifs, l'élaboration et l'évaluation des options, le choix de l'option et la mise en application de l'option retenue (voir la figure 2.5).

Figure 2.5   **Les activités liées à la résolution d'un cas**

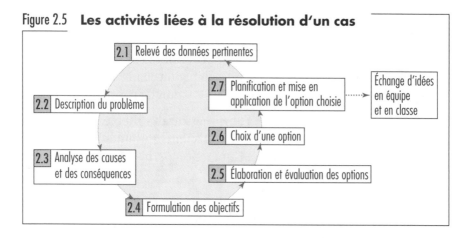

Rappelons que ces différentes étapes peuvent être ramenées à trois : recherche et traitement de l'information (collecte des données) ; prise de décision (description du problème, analyse des causes et des conséquences, formulation des objectifs, élaboration et évaluation des options, choix de l'option) ; et stratégie de mise en application de l'option (voir la figure 2.4).

2.3.1 La collecte des données

La collecte des données constitue la première opération de l'analyse de cas ; elle correspond à la recherche de l'information. Elle consiste à établir des rapports logiques entre différents faits jugés importants. L'organisation des données contribue à éclaircir la problématique, facilite l'analyse des causes et des conséquences. Voici les principales opérations qu'il convient de faire à cette étape-ci :

- Lire le cas attentivement, plus d'une fois s'il le faut, afin de se faire une idée de la situation et de bien comprendre toutes les données.

- Relever les points importants : dans l'évaluation du cas, tenir compte, s'il y a lieu, du contexte social, économique et politique (p. ex., dans le contexte économique américain : 2000 — *boom* économique ; 1991 — récession ; 1970 — inflation ; 1930 — dépression).

- Déterminer le type de compagnie (taille, organisation, procédés, services ou produits) et tenter de caractériser son climat, son caractère, ainsi que son environnement.

- Définir les différentes phases et leurs principales caractéristiques, ainsi que l'orientation, les priorités et les facteurs clés susceptibles d'assurer la réussite de l'organisation.

2.3.2 **La description du problème**

Cette étape ainsi que les quatre étapes suivantes font partie du second volet de l'analyse de cas : la décision. Celle-ci se traduira soit par une modification quelconque du système existant, soit par un changement radical du système. Dans ce dernier cas, il s'agit d'une action de nature innovatrice.

- Classer les données sous des rubriques ou des thèmes appropriés. Établir des liens entre les différents facteurs désignés dans chaque rubrique et entre les rubriques. L'opération permet de cerner les problèmes qui se posent.

- Dresser une liste provisoire de tous les problèmes décelés et rechercher les causes de ces derniers ; établir des rapports entre les différents problèmes ; distinguer les problèmes connexes ou symptomatiques.

- Classer les problèmes essentiels par ordre d'importance, selon leur degré d'urgence et l'intérêt des relations qui les unissent ; distinguer les problèmes majeurs des problèmes mineurs.

Signalons, afin de dissiper toute confusion possible, que, pour les acteurs (p. ex., les gestionnaires, les employés) qui sont concernés par le cas en question, l'enchaînement des faits qui ont été décrits correspond au problème, tandis que, pour l'observateur externe ou l'analyste, il représente un symptôme.

Pour les acteurs, le problème est un résultat, alors que, pour les seconds, il est le point de départ d'une réflexion qui conduit à un diagnostic et, ultimement, à une prise de décision.

Il faut noter que certains cas donnent lieu à une problématique plutôt qu'à un problème au vrai sens du mot. Ces cas suscitent ordinairement des interrogations qui donnent matière à réflexion. Donnons ici comme exemples le dirigeant qui s'interroge sur la légitimité d'un règlement public et le participant à qui il est demandé de se prononcer sur le financement des programmes sociaux.

2.3.3 **L'analyse des causes et des conséquences**

L'observateur a spontanément une perception subjective des événements, des discours énoncés, de la personnalité des acteurs, etc. Il voit également ces derniers à travers ses propres schèmes de référence (valeurs, préjugés, etc.).

Afin de dépasser le stade de la perception, l'analyste doit recourir à des méthodes et à des concepts qui lui permettent d'expliquer objectivement les causes du symptôme. C'est en quelque sorte une étape du raisonnement qui fait appel à l'induction et à l'analyse. L'analyse des causes et des conséquences est en définitive une analyse des relations de causes à effets en chaîne qui débouche sur le diagnostic, le jugement final (voir la figure 2.6) par rapport à une situation donnée. L'étape de l'analyse consiste à trouver des explications en se fondant sur les faits dominants qui ont été dégagés et sur les principes d'une saine gestion.

Figure 2.6   **Un modèle de diagnostic**

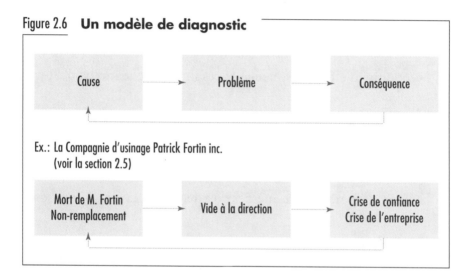

Le diagnostic doit pouvoir expliquer tous les symptômes ou malaises qui ont été constatés.

Voici, en résumé, les principales opérations à accomplir à l'étape de l'analyse des causes et des conséquences :

* Une fois le problème cerné, en déterminer les causes et les conséquences.

* Retenir uniquement les données ayant un rapport avec les points qui font problème.

* Indiquer quels sont les renseignements manquants et énoncer les hypothèses sur lesquelles s'appuiera l'analyse ; s'assurer que ces hypothèses s'accordent avec les données recueillies.

* Rassembler et organiser les faits de façon à mettre en évidence les points soulevés, établir une distintinction entre les faits, les hypothèses et les opinions, et, finalement, poser un diagnostic.

2.3.4 **La formulation des objectifs**

Les objectifs doivent être précis, énoncés clairement et mesurables.

Établir une liste des critères d'évaluation des solutions. Choisir parmi les critères suivants — d'un emploi très répandu — ceux qui conviennent à la situation (ces critères se rapportent aux aspects internes de l'entreprise) :

- le risque couru ;
- le niveau de croissance escompté ;
- la perte ou le gain financier ;
- le facteur temps ou la durée ;
- l'économie d'effort (les meilleurs résultats avec le moins d'efforts possible) ;
- le potentiel des ressources humaines (quantité et qualité) ;
- les préférences des hauts dirigeants (valeurs, style, personnalité) ;
- l'acceptation des solutions par les personnes concernées ;
- la disponibilité des fonds internes ou externes nécessaires à la mise en application de l'option.

Décrire les avantages et les inconvénients de l'option envisagée pour résoudre le problème principal. Ainsi, des politiques internes, certaines valeurs personnelles du directeur ou une idéologie défendue par l'organisation peuvent amener à exclure le *lock-out* comme solution aux litiges entre le syndicat et la direction de l'entreprise.

2.3.5 **L'élaboration et l'évaluation des options**

À l'étape de l'élaboration et de l'évaluation des options, on considère les moyens déjà préconisés par des acteurs qui prennent part au cas étudié ou encore proposés par le participant-analyste, en vue de remédier à la situation problématique perçue au départ. Cette étape fait appel à l'intuition et au jugement (administration = un art) ainsi qu'aux connaissances théoriques et à l'expérience (administration = une science). Les options doivent être élaborées et évaluées selon les objectifs énumérés à la section 2.2.3. Voici les principales activités de cette étape :

- retenir seulement les options raisonnables et pratiques susceptibles de résoudre le problème principal ; éliminer toutes les autres options ; tenir compte de la possibilité de modifier les options en cours de route et envisager toutes les combinaisons possibles ; s'assurer que chaque option est correctement définie ;

- définir chaque option de façon claire et précise ; réfléchir aux conséquences qu'entraînerait la mise en application de l'option (p. ex. : qu'apporterait-elle ? Quelles seraient les personnes touchées ? Quels sont ses avantages et ses inconvénients ?

- examiner en profondeur chaque option en se basant sur les critères définis à l'étape précédente et répartir les conséquences prévues de chaque option en deux catégories, soit positives et négatives ;

- qualifier et quantifier chacune des évaluations qui sont faites.

Le *statu quo* peut parfois être une option. Cependant, si on conseille de laisser les choses en l'état, il convient de montrer les avantages et les inconvénients du *statu quo* par rapport aux autres options et de suggérer des mesures pour améliorer les résultats (contrôle, *feedback,* responsabilités).

En règle générale, et par définition, un cas requiert une action plutôt que le *statu quo.*

2.3.6 **Le choix de l'option**

Maintenant, il faut suggérer une option à la personne responsable de la planification et de la mise en application. On doit donc justifier son choix, démontrer que l'on a travaillé sérieusement, que l'on a fait preuve d'objectivité, c'est-à-dire que l'on a considéré sans parti pris les principales options. Enfin, il y a lieu de se rappeler que l'information doit être communiquée de façon claire et efficace.

On compare entre elles toutes les options et, en tenant compte des critères et des priorités définis à l'étape de l'analyse, on montre en quoi l'option préconisée est la meilleure. On peut s'inspirer de la démarche suivante pour établir la comparaison.

A. *Comment comparer et évaluer des éléments non mesurables*

On doit d'abord classer par ordre d'importance les critères servant à évaluer les conséquences non mesurables. Par exemple, le maintien du pouvoir centralisé peut, dans certains cas, avoir préséance sur des mesures de décentralisation.

À partir de l'évaluation préliminaire, on décrira brièvement et dans l'ordre les conséquences non mesurables de chaque option. On attribuera un numéro d'ordre (de 1 à 10) à chacune, selon sa capacité de satisfaire à chacun des critères. Afin d'obtenir un indice approximatif de la valeur de chaque option se trouvant sous un critère donné, on multipliera la valeur numérique attribuée à ce critère par le numéro d'ordre attribué à l'option relativement à sa capacité de satisfaire à ce critère. On additionnera ensuite les points obtenus sous chaque critère afin d'arriver à un total pour chaque option.

On présentera ensuite sous forme de tableau les gains ou les pertes prévus, calculés en argent, si c'est possible. On comparera les options à des valeurs en argent, et selon un pointage non quantitatif. On réexaminera le tableau et on vérifiera les opérations arithmétiques. On éliminera les options les moins praticables et on choisira celle qui convient le mieux à la situation. On placera les autres options par ordre d'importance.

On se demandera si l'option choisie pour résoudre le problème le plus important entraînera la disparition des autres problèmes majeurs. Si la réponse est négative, on répétera les étapes d'analyse des causes et des conséquences, d'élaboration et d'évaluation des options, et de choix de l'option (voir les sections 2.3.3, 2.3.5, 2.3.6) pour chaque problème d'importance qui reste.

Il est préférable de présenter d'abord l'option qui paraît la meilleure et ensuite d'indiquer ses avantages par rapport aux autres options. Si l'on décide finalement de ne rien faire, il y a lieu de justifier cette décision, comme on le ferait pour toute autre option.

Il faut noter qu'une option peut comporter à la fois des éléments concrets (p. ex., le capital, les ressources humaines, les produits et les services) et des éléments abstraits (p. ex., le leadership, les valeurs prônées par la direction, le désir de réussir).

Avant de prendre une décision finale, le participant doit s'assurer que l'option retenue est la plus cohérente possible. Dans la plupart des cas, cette option est le résultat d'un compromis. Par exemple, la stratégie qui a été retenue peut tenir compte des possibilités actuelles de l'organisation (stratégie réalisable) et de ce qu'elle devrait effectivement réaliser sur le plan économique ou de la compétitivité (stratégie souhaitable).

À cette étape déterminante du processus, l'analyste se gardera bien de se livrer à des considérations personnelles.

2.3.7 **La planification et la mise en application de l'option**

Cette dernière étape correspond à la stratégie de mise en œuvre de l'option. D'une importance cruciale pour les entreprises, elle doit être claire, simple et suivre une trajectoire bien définie. En effet, il ne suffit pas de penser aux actions à accomplir, il faut aussi les réaliser. De la théorie, on doit dès lors passer à la pratique.

On cherche d'abord et avant tout à déterminer qui va faire quoi, quand et comment. Le pourquoi est déjà spécifié.

En premier lieu, il convient de définir la procédure qui sera suivie dans la mise en application de l'option : savoir qui donnera l'autorisation de mettre en application l'option et quelles personnes sont en mesure de fournir des conseils utiles.

Pour que l'option soit la plus efficace possible, il faudra essayer de limiter ses inconvénients tout en exploitant au maximum ses avantages.

On déterminera les intrants tant physiques qu'humains qui sont nécessaires à la mise en application de l'option.

Finalement, on définira le système d'évaluation et de contrôle dont on se servira pour obtenir un *feedback* après la mise en application.

Si certaines hypothèses formulées à l'étape de l'analyse doivent être vérifiées ou si l'on doit mener des études supplémentaires, on précisera les objectifs, la méthodologie, la durée et le coût des opérations.

La figure 2.7 résume cette partie du chapitre consacrée à l'analyse de cas. Elle met en évidence les trois principales étapes de la solution d'un problème que nous avons décrites, à savoir : 1) la collecte de l'information ; 2) la décision ; 3) la stratégie de mise en application. Elle mentionne aussi les différentes étapes et les éléments clés de l'analyse (les symptômes, les critères et les principes d'une saine gestion, le diagnostic).

2.4 **La rédaction du rapport de cas**

Après avoir analysé le cas et participé à des discussions en équipe, le participant est prêt à rédiger son rapport. Le but de ce rapport est de présenter de façon ordonnée les principaux résultats de l'analyse de cas. Il est important que le participant puisse s'exprimer clairement et logiquement par écrit.

Figure 2.7   **Volets, étapes et autres éléments clés de l'analyse de cas**

Collecte de l'information	Décision	Implantation
Cette étape consiste en la mise en place d'activités formelles de collecte, de tri et d'analyse de données, ainsi que d'activités informelles de recherche de renseignements de nature diverse. Elle suppose également la recherche de données quantitatives ou qualitatives. Elle exige une grande capacité d'analyse et de synthèse, une démarche professionnelle impartiale, exempte de préjugés, de conclusions prématurées et d'*a priori* qui diluent le jugement de l'analyste.	Cette étape se fonde sur l'analyse, mais bien souvent elle ne s'y limite pas. Elle fait appel à l'imagination et met à profit l'information disponible. Elle tend autant que possible à définir une approche qui diffère de celle d'autres analystes qui ont accès aux mêmes données et analyses. La décision ne doit pas être seulement intuitive, elle doit reposer sur des fondements analytiques.	Cette étape consiste à introduire et à réaliser dans l'environnement particulier d'une organisation l'option retenue à l'étape précédente sous forme de plan d'action. Elle suppose une compréhension approfondie de l'organisation ou des individus qui la composent, tant dans leurs activités formelles que dans leurs activités informelles. L'analyse doit tenir compte du rythme d'évolution et des réalités caractéristiques de l'organisation et de ses membres.

Collecte des données → Description du problème → Planification et implantation de l'option

Symptôme(s) — Analyse des causes et des conséquences ← Diagnostic

Formulation des objectifs

Théories, critères de saine gestion — Élaboration et évaluation des options

Choix de l'option

Note : Les volets « collecte de l'information », « décision » et « implantation » proviennent d'un travail de Y. Allaire et M. Firsirotu portant sur la stratégie d'entreprise (Y. Allaire et M. Firsirotu, « La stratégie commerciale et industrielle », dans M.G. Bédard et R. Miller (dir.), *La direction des entreprises. Une approche systémique, conceptuelle et stratégique*, Montréal, Chenelière/ McGraw-Hill, 2003, p. 622).

La rédaction du rapport comporte plusieurs étapes : la recherche et la mise en ordre des idées, la rédaction du brouillon et sa révision, l'évaluation du rapport, la rédaction de la version finale, le traitement de texte et la correction (voir la figure 2.8).

Figure 2.8 **La rédaction du rapport**

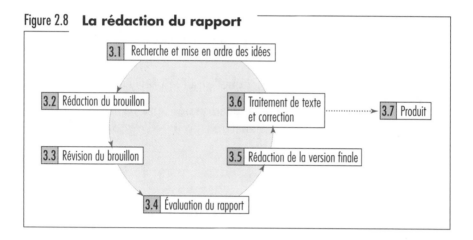

2.4.1 **La recherche et la mise en ordre des idées**

Avant d'entamer cette première étape, le participant aura soin de situer le cas dans son contexte : Où réside le problème ? Renvoie-t-il au passé, au présent ou à l'avenir ? Comment le problème est-il apparu ? Après avoir répondu à ces questions, le participant doit prendre en considération les étapes suivantes dans la préparation du rapport :

*   la description du problème ;
*   l'analyse des causes et des conséquences ;
*   la formulation des objectifs ;
*   l'élaboration et l'évaluation des options ;
*   le choix de l'option ;
*   la mise en application de l'option.

Étant donné que l'étape de l'analyse est la plus complexe, on suggère de définir les grandes lignes du contenu des autres étapes. On procède alors comme suit :

- La description du problème : définir brièvement le problème principal (s'il y a plusieurs problèmes, les ranger par ordre d'importance), indiquer quelles sont les personnes directement concernées et s'il y a urgence ou non.

- L'énoncé des objectifs : fixer les critères qui serviront à évaluer les options.

- L'élaboration et l'évaluation des options : évaluer les avantages et les inconvénients de chacune des options envisagées en se fondant sur les critères déjà établis.

- Le choix de l'option : déterminer quelle est l'option la plus avantageuse.

- La planification et la mise en application de l'option : indiquer brièvement la marche à suivre pour mettre en œuvre l'option retenue.

Figure 2.9 **Une vision concentrique du rapport de cas**

Note : Cette figure offre une vision concentrique du rapport mettant en relief la progression des facteurs à considérer et faisant converger les faits et les interprétations vers un point essentiel, un chemin qui crée la confiance, la clarté, qui constitue une véritable contribution à l'avancement des idées.

2.4.2 **La préparation du dossier préliminaire**

Le matériel qui sert à la préparation du dossier préliminaire provient de quatre sources : la collecte des données (section 2.3.1), la description du problème (section 2.3.2), l'analyse des causes et des conséquences (section 2.3.3) et la formulation des objectifs (2.3.4). À cette étape, l'accent est mis sur le fond et sur l'ordonnance des idées, mais la forme doit être soignée et ajustée aux intérêts ou aux besoins des groupes ou des individus à qui le rapport est destiné.

La méthode à employer pour la rédaction du rapport diffère de celle qui est utilisée pour analyser le cas ou pour prendre des notes en classe.

Les données sont présentées dans un ordre logique de façon que le lecteur puisse aisément comprendre les idées énoncées dans chaque nouvelle section. Les sections du rapport sont liées entre elles et on passe de l'une à l'autre sans heurts, en suivant une progression (voir la figure 2.9). Chaque nouvelle section doit tenir compte de ce qui a été énoncé dans la section précédente. On ne doit jamais introduire de nouveaux sujets au milieu du rapport. Tout nouveau sujet doit être introduit dans les premières sections, de façon à pouvoir être développé par la suite.

Le dossier préliminaire est rédigé à double ou à triple interligne afin de faciliter la correction. Chaque section doit être rédigée sur des pages séparées.

Une fois le problème défini, on présente normalement les principales parties du rapport dans l'ordre suivant : l'analyse des causes et des conséquences, la formulation des objectifs, l'élaboration et l'évaluation des options, le choix d'une option et la planification et la mise en application de l'option retenue. Au moment de la rédaction de la version finale, on place la définition du problème au début du rapport (voir la section 2.3.2), tout comme on a l'habitude de le faire dans le domaine de la consultation.

A. *L'analyse des causes et des conséquences*

Les aspects historiques   Pour mener une analyse plus approfondie de certains aspects d'un cas, il est bon de se servir d'un schéma. L'expérience nous montre qu'un schéma historique peut être utile (voir la figure 2.10). Ainsi, un cas comporte ordinairement trois périodes : la période précédant les changements recommandés (période I), la période de transition (période II) et la période suivant l'introduction des changements (période III).

Figure 2.10 **L'évolution du cas dans le temps**

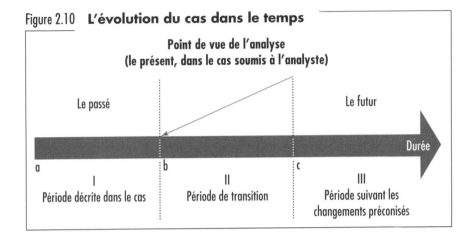

De plus, chaque période comprend normalement plusieurs phases et peut être caractérisée par un changement de stratégie, de leader, de technologie, de marchés, de style organisationnel, etc.

Le rédacteur doit se rappeler qu'il adopte un point de vue historique suivant lequel le point «b» occupe une position stratégique puisqu'il sépare le passé et le présent de l'avenir. C'est justement l'avenir que doit avoir en vue le participant. Il doit se demander qui lira son rapport et il doit s'assurer que la personne (ou le comité) est capable de suivre fidèlement les recommandations émises dans le rapport.

Les aspects analytiques (*étape descriptive de l'analyse*) S'il a délimité la période historique et désigné les destinataires, le rédacteur a de bonnes chances d'aboutir à un schéma d'analyse qui atteigne les objectifs visés.

Il s'agit ici d'énumérer les éléments à considérer et de déterminer l'optique dans laquelle s'inscrira le travail : perspective historique, schéma causes-effets, approche systémique, etc. La manière d'expliquer les faits doit demeurer simple pour que la lecture du rapport soit accessible aux personnes à qui il est destiné.

Cette étape sert à déterminer les variables endogènes ou stratégiques. Ces variables peuvent être modifiées par le gestionnaire qui désire améliorer la situation. Les variables exogènes ne peuvent, quant à elles, être modifiées ; elles échappent presque totalement à son action (p. ex., le contexte économique). En mettant en évidence les liens entre les variables, le rédacteur peut expliquer en quoi celles-ci déterminent la situation actuelle ou la situation future.

Il s'agit non pas d'apporter des solutions, mais plutôt de trouver des points d'ancrage à partir desquels il est possible d'aborder le cas et de réaliser éventuellement des interventions utiles.

Les aspects critiques   Le rédacteur doit préciser les critères sur lesquels il fonde ses jugements relativement à l'état de la situation. Il convient de se servir de facteurs concrets (p. ex., taux de roulement de 10 % par année, accès à 18 % du marché, changement du style administratif afin d'introduire le partage des pouvoirs, etc.). En quoi consiste une intervention utile ? Quelles sont les données manquantes et par quoi peut-on les remplacer ? Quelles sont les données indispensables pour les prises de décisions futures ? Quels sont les facteurs variables ? Quels sont les risques et quelles sont les personnes qui les courent ?

À cette étape, on transforme en phrases et en paragraphes la simple énumération des points soulevés au moment de la préparation. On ne traite que des points liés aux problèmes décelés. On sépare les faits des opinions et l'on s'assure que les hypothèses sont clairement désignées. On relie les sections par une introduction et une conclusion, de façon que le texte soit cohérent et logique.

B. La formulation des objectifs

On présente un résumé des critères en fonction desquels seront évaluées les options et les raisons qui pourraient conduire à leur rejet. Il peut s'agir de politiques, de risques, d'attitudes personnelles ou d'autres éléments propres à un cas. Il importe de présenter les données de façon exhaustive et équilibrée. Le langage utilisé doit tenir compte du fait que la formulation des objectifs a pour but d'expliquer les données, les contraintes, les critères, les priorités, etc.

C. L'élaboration et l'évaluation des options

Chacune des options proposées doit être rationnelle et convenir au problème. Parfois, il faut imaginer une option pour avoir un élément de comparaison. Les options doivent découler logiquement des données disponibles et de l'analyse. Les éléments de solution sont résumés en une phrase ou en un court paragraphe, ce qui permet au lecteur d'avoir une idée très nette de l'option retenue. On énumère les conséquences positives et négatives de chaque option. La formulation doit rester objective. Tout jugement portant sur la valeur des options est reporté à la section suivante. Normalement, cette section est plus courte que la précédente, mais plus longue que celle qui suit (le choix d'une option). Il ne faut pas perdre de vue que chaque option doit être unique en son genre (voir la figure 2.11). Toutefois, cela ne signifie pas qu'il faille exclure les options résultant de la combinaison d'autres options. Ainsi, à la figure 2.11, l'option 4 résulte de la combinaison de l'option 1 du problème 1, de l'option 2 du problème 2 et de l'option 1 du problème 3.

Figure 2.11 **Schéma d'exclusion réciproque des options d'une combinaison d'options**

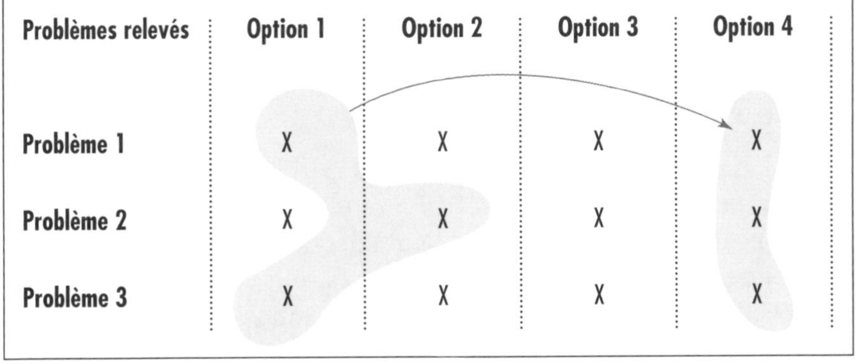

Problèmes relevés	Option 1	Option 2	Option 3	Option 4
Problème 1	X	X	X	X
Problème 2	X	X	X	X
Problème 3	X	X	X	X

D. Le choix d'une option

Cette étape consiste à présenter l'option retenue pour résoudre le problème décelé. Si le cas comporte deux ou plusieurs problèmes importants, il faut trouver une option qui réglerait tous les problèmes à la fois. Le choix d'une option nécessite que l'on établisse des comparaisons puisque, pour chaque option dégagée, on doit, en se basant sur l'analyse et l'évaluation, démontrer en quoi elle est meilleure que toutes les autres. Alors que, dans les autres sections du rapport, il fallait demeurer objectif, ici il faut convaincre. Cette section, ainsi que l'étape suivante, doit fournir au lecteur du rapport des éléments d'orientation.

E. La planification et la mise en application de l'option

Cette section du rapport suit logiquement celle qui traite du choix de l'option et elle montre comment mettre en œuvre l'option retenue.

On considère ici la dimension humaine de la situation : Qui doit autoriser la mise en application ? Qui sera chargé d'exécuter la décision ? Qui a qualité pour donner des conseils ? On traite également du facteur temps : Quelles sont les premières actions à accomplir ? En quoi les effets à court terme et les effets à long terme diffèrent-ils ? Cette section montre comment exploiter tous les avantages de l'option et comment en réduire les inconvénients. Le cas échéant, on suggère des moyens d'évaluer l'efficacité de l'option au cours de la mise en application et d'obtenir un *feedback* sur les résultats obtenus. S'il apparaît nécessaire d'entreprendre des études supplémentaires, la section portant sur la stratégie précise les objectifs, la méthodologie, la durée et le coût de ces dernières. On n'étudie que des sujets qui ont déjà été abordés dans les autres sections du rapport.

La section traitant de la mise en application de l'option a pour but de définir des moyens pratiques d'exécuter l'option décrite brièvement à la section précédente. Les recommandations doivent être énoncées dans le mode impératif.

F. La description du problème

La section portant sur la description du problème constitue la première partie du rapport final. Elle sert d'introduction et présente les faits, les événements, les circonstances et les tendances qui sont en rapport avec le cas. La description des problèmes et des priorités occupe un ou deux para-graphes. Cette section expose le but du rapport et en indique les grandes lignes. Une fois qu'il a lu la définition du problème, le lecteur devrait savoir quel est le sujet du rapport ainsi que ses objectifs. Il faut constamment se rappeler que le principal lecteur est habituellement le gestionnaire qui a pour charge de résoudre le problème et qui a autorité pour décider des mesures à appliquer.

Pour s'aider à juger si le problème est correctement défini, on peut se demander si le lecteur du rapport aura la réaction suivante : « Oui, c'est bien ça, mon problème. Comment avez-vous fait pour le décrire de façon aussi claire ? »

Généralement, dans une analyse de cas, on détermine assez tôt la nature du problème. Mais à mesure qu'on approfondit celui-ci, la conception qu'on en a peut changer. Il arrive que l'on doive la préciser ou la réviser.

2.4.3 **La révision du dossier préliminaire**

Une fois l'ébauche terminée, il est bon de la mettre de côté un certain temps. On a avantage à prendre un certain recul par rapport au sujet avant d'entreprendre la révision. L'analyste regardera alors l'ébauche d'un œil neuf et en verra mieux les défauts.

La révision comprend deux étapes :

- améliorer le contenu, le développement et l'ordonnance générale du rapport ;

- améliorer le vocabulaire et la syntaxe.

Au besoin, on n'hésitera pas à réviser le rapport une seconde fois.

2.4.4 **L'évaluation du rapport**

Le tableau 2.1 a pour but d'aider l'analyste à vérifier son rapport. Les erreurs les plus souvent commises sont décrites ci-dessous. Les commentaires insérés dans le tableau serviront de guide dans la révision du rapport et permettront de s'assurer qu'il n'y a pas d'omissions graves.

Normalement, l'évaluateur (ou le formateur, selon le cas) formulera des commentaires et considérera chaque section du rapport séparément, de manière à voir tout de suite les points faibles. La notation des sections est inscrite dans la partie gauche du tableau d'évaluation et peut, évidemment, varier d'un cas à l'autre. L'évaluateur peut faire ressortir les aspects importants et modifier la forme du raisonnement pour faciliter l'exposition du cas devant un groupe.

Les corrections et les commentaires de l'évaluateur permettent de voir les points forts de son travail ainsi que les erreurs ou omissions commises. L'analyste pourra ensuite examiner certains points particuliers avec les membres de son équipe ou avec l'évaluateur.

Voici les défauts couramment observés dans l'analyse de cas.

La description du problème
- Les problèmes ne sont pas clairement définis.
- L'ordre de priorité des problèmes désignés ainsi que leurs symptômes et causes sont mal définis.

L'analyse des causes et des conséquences
- L'analyse est vague et n'est pas centrée sur le problème majeur qui a été relevé.
- Les causes fondamentales du problème ne sont pas précisées.
- Les arguments avancés ne s'appuient pas sur des données précises.
- Les hypothèses sont peu plausibles ou sont mal construites.
- L'analyse se limite à une exposition des données.
- La théorie relative au domaine n'est pas mise à contribution.
- La relation entre la théorie et les données est mal établie. L'analyse est pauvrement menée.

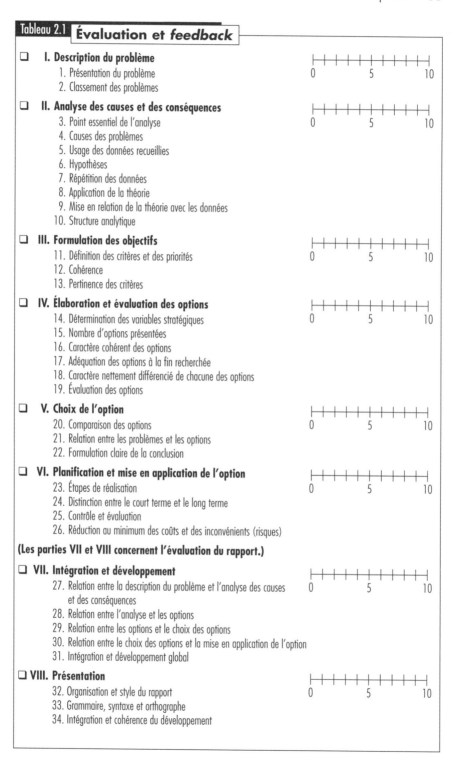

Tableau 2.1 **Évaluation et *feedback***

❑ **I. Description du problème**
    1. Présentation du problème
    2. Classement des problèmes

0   5   10

❑ **II. Analyse des causes et des conséquences**
    3. Point essentiel de l'analyse
    4. Causes des problèmes
    5. Usage des données recueillies
    6. Hypothèses
    7. Répétition des données
    8. Application de la théorie
    9. Mise en relation de la théorie avec les données
    10. Structure analytique

0   5   10

❑ **III. Formulation des objectifs**
    11. Définition des critères et des priorités
    12. Cohérence
    13. Pertinence des critères

0   5   10

❑ **IV. Élaboration et évaluation des options**
    14. Détermination des variables stratégiques
    15. Nombre d'options présentées
    16. Caractère cohérent des options
    17. Adéquation des options à la fin recherchée
    18. Caractère nettement différencié de chacune des options
    19. Évaluation des options

0   5   10

❑ **V. Choix de l'option**
    20. Comparaison des options
    21. Relation entre les problèmes et les options
    22. Formulation claire de la conclusion

0   5   10

❑ **VI. Planification et mise en application de l'option**
    23. Étapes de réalisation
    24. Distinction entre le court terme et le long terme
    25. Contrôle et évaluation
    26. Réduction au minimum des coûts et des inconvénients (risques)

0   5   10

(Les parties VII et VIII concernent l'évaluation du rapport.)

❑ **VII. Intégration et développement**
    27. Relation entre la description du problème et l'analyse des causes
        et des conséquences
    28. Relation entre l'analyse et les options
    29. Relation entre les options et le choix des options
    30. Relation entre le choix des options et la mise en application de l'option
    31. Intégration et développement global

0   5   10

❑ **VIII. Présentation**
    32. Organisation et style du rapport
    33. Grammaire, syntaxe et orthographe
    34. Intégration et cohérence du développement

0   5   10

La formulation des objectifs
- Les critères et les priorités sont mal définis.
- Les critères s'accordent mal avec l'analyse des causes et des conséquences et avec la description du problème.
- Les critères et les priorités sont inadéquats.

L'élaboration et l'évaluation des options
- Les éléments qui peuvent être contrôlés ou changés ne sont pas indiqués.
- Dans l'ensemble, il y a trop ou pas assez d'options.
- Les options ne sont pas nettement définies.
- Les options proposées ne concordent pas avec les critères retenus à l'étape de l'analyse.
- Les options ne sont pas nettement distinctes les unes des autres.
- Les avantages et les inconvénients de chaque option ne sont pas clairement présentés.
- Les options ne sont pas comparées entre elles (p. ex., aucune analyse coût-bénéfice).

Le choix de l'option
- Le problème et les options sont mal définis.
- Le but n'est pas précisé.

La planification et la mise en application de l'option
- Les questions « qui », « quoi », « quand », « comment » et « pourquoi » restent sans réponse.
- On n'a pas établi une distinction entre les options à court terme et les options à long terme.
- Le plan ne propose pas de méthode d'évaluation de la mise en application.
- Le plan ne prévoit rien pour réduire les inconvénients de l'option.

L'intégration et le développement
- L'analyse ne s'inscrit pas dans la logique de la formulation du problème.
- Les options rompent avec la logique de l'analyse.

- Les décisions ou les conclusions s'accordent peu avec la logique de l'analyse.

- Le plan d'action ne respecte pas la logique de la décision ou de la conclusion.

- La description du problème, le portrait du contexte et les différentes sections du rapport (le cas, le cours, le destinataire) s'articulent mal entre eux.

2.4.5 **La rédaction de la version finale**

Le participant doit se conformer aux règles suivantes en rédigeant la version finale.

- Le rapport doit être écrit sur du papier blanc de bonne qualité, de format 21,5 cm sur 28 cm.

- *Page titre* Indiquer les noms de la compagnie, du destinataire du rapport, du groupe de « conseillers », de ses membres ainsi que la date. Il faut se rappeler que le formateur évaluera le rapport, mais qu'il n'est pas nécessairement le destinataire. Normalement, le destinataire est désigné dans l'énoncé du cas. Une case servant à l'identification est placée dans le coin supérieur droit de la page titre. En milieu scolaire,

Figure 2.12 **La présentation de la version finale**

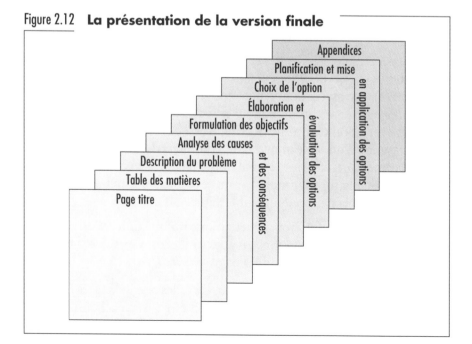

elle doit contenir les éléments suivants : numéro et titre du cours, nom du formateur, désignation du cas ou titre du rapport, noms des membres de l'équipe.

- *Table des matières*   Elle suit immédiatement la page titre. Elle sera semblable à la table des matières de cet ouvrage.

- *Rapport*   On commence le rapport sur une nouvelle page. Depuis la « Description du problème » jusqu'à la « Mise en application de l'option », les pages sont numérotées à la suite. Le titre de chaque section est écrit en majuscules, souligné et placé contre la marge gauche de la page. Les sous-titres sont placés en retrait, écrits en lettres minuscules et soulignés.

- *Tableaux, diagrammes, figures et graphiques*   Les titres des tableaux, des graphiques, etc., doivent toujours désigner clairement le contenu. Pour pouvoir s'y référer facilement, on aura soin de les numéroter : figure 1, 2, 3, etc.

Les tableaux et les figures qui ne sont pas essentiels à la compréhension du texte ou qui sont trop compliqués pour être insérés dans le texte doivent être présentés en annexe, avec les autres données additionnelles. Les annexes sont désignées par des lettres majuscules (A, B, C, etc.) et placées à la fin du rapport. Les graphiques doivent être exécutés sur des feuilles spéciales ; l'abscisse et l'ordonnée sont clairement indiquées. La source des données ayant servi à la confection des figures doit être indiquée, avec les précisions nécessaires, en bas de page.

- *Notes de référence*   Les notes en bas de page servent à ajouter des commentaires explicatifs et des détails. On emploie les notes de référence lorsqu'on cite assez longuement un auteur, qu'on résume, dans ses propres termes, un argument, qu'on emprunte une idée à quelqu'un d'autre ou qu'on emprunte des données à quelqu'un pour construire un graphique, un tableau ou un diagramme. Les notes en bas de page sont numérotées à la suite et une « Liste de notes en bas de page » doit être placée à la fin du rapport avant les annexes. Dans cette liste, on sépare les notes par un double interligne.

Les citations courtes (trois lignes au maximum) doivent être placées entre guillemets. Les citations longues sont écrites à simple interligne, en retrait des deux marges de la page.

Si l'on emploie des références en plus de celles citées dans les notes en bas de page, une liste des références doit être insérée à la fin du rapport, après les annexes. Cette liste est en fait une bibliographie et doit comprendre toutes les références figurant dans le corps du texte et les notes en bas de page. La liste suit l'ordre alphabétique. La liste figurant à la fin du présent ouvrage peut être prise comme modèle.

À noter que l'on souligne ou que l'on met en italique les titres des monographies. Les titres d'articles de périodiques ou de chapitres d'ouvrages collectifs sont encadrés de guillemets.

2.4.6 Le traitement de texte et la correction du rapport

Les rapports doivent être dactylographiés à double interligne.

Le rédacteur doit retenir les services d'un commis au traitement de texte bien avant la date de soumission du rapport. Le rapport, une fois traité, doit être confronté avec le manuscrit. La lecture à haute voix, seul ou à une personne non concernée par le rapport, constitue une excellente façon de faire la correction finale.

2.5 Un exemple d'analyse de cas : la Compagnie d'usinage Patrick Fortin inc.

2.5.1 Introduction

Nous présentons dans cette section un exemple d'analyse de cas qui aboutit à la rédaction d'un rapport. Chaque cas est unique, mais la méthode d'analyse, une fois apprise, s'applique à tous les cas. Sa maîtrise s'acquiert progressivement.

2.5.2 La description du cas

Faites un rapport aussi détaillé que possible du cas avant de passer à la section suivante.

La Compagnie d'usinage Patrick Fortin inc.

La Compagnie d'usinage Patrick Fortin inc. traite à chaud des pièces uniconiques usinées ou provenant de fonderies, puis les durcit et leur donne des propriétés caractéristiques. Cette entreprise, dirigée par Patrick Fortin, a actuellement un chiffre d'affaires annuel de 5 000 000 $. En 2003, l'entreprise comptait 21 employés ; les profits après impôts se chiffraient à 300 000 $

(moyenne des 3 dernières années) et elle avait 207 clients réguliers. Patrick Fortin s'occupe de la vente et des rapports avec les clients. L'atelier est dirigé par Philippe Chabot, un ouvrier qui, comme cinq de ses contremaîtres, a été promu il y a quelque temps. Philippe Chabot travaille avec Patrick Fortin, lequel prend toutes les décisions importantes et est le vrai directeur de l'entreprise.

Il y a un mois, Patrick Fortin a succombé à une crise cardiaque ; il avait 55 ans. Il a légué à sa femme Geneviève, âgée de 52 ans, ses actions dans la compagnie (il détenait 57 % des actions). Celle-ci s'y connaît très peu en affaires et ne s'est jamais intéressée à l'entreprise. Son notaire lui a conseillé de chercher quelqu'un pour diriger la compagnie et d'envisager la possibilité d'en donner la direction à un employé. Geneviève Hubert aurait été prête à négocier avec Philippe Chabot, mais celui-ci lui a répondu qu'il connaissait mal la vente et qu'il ne voulait pas assumer la direction de l'entreprise.

Estelle Larocque, une des principales dirigeantes d'une société immobilière qui détient 40 % des actions de la Compagnie d'usinage Patrick Fortin inc., a suggéré à Geneviève Hubert de chercher un directeur à l'extérieur de l'entreprise. Elle lui a déclaré qu'elle désirait garder ses actions dans la compagnie, mais qu'elle se sentait incapable de la diriger.

François Bernard, un banquier de la ville, a conseillé à Geneviève Hubert de vendre son entreprise à un prix raisonnable. Celle-ci lui a répondu qu'elle avait besoin des revenus de la compagnie et qu'elle doutait que, en la vendant et en plaçant le produit de la vente dans des actions, elle eût des rentrées d'argent suffisantes (le rendement de ce genre de placement va généralement de 8 % à 10 %). Cependant, elle a convenu avec lui que ce type de revenu était plus sûr et que la sécurité avait beaucoup d'importance pour elle. Bernard pensait que le produit net de la vente de l'entreprise se situerait entre 2 000 000 $ et 2 500 000 $. L'entreprise pourrait aussi fusionner, mais dans ce cas, il recommandait à Geneviève Hubert de vendre ses actions tout de suite plutôt que de garder ses actions à l'intérieur d'une nouvelle entreprise. En raison du fait qu'elle était profane en la matière, Bernard lui a conseillé fortement de ne pas prendre l'affaire en main elle-même, jugeant qu'elle serait incapable de convaincre un acheteur éventuel. Geneviève Hubert lui a répondu que, dans des cas difficiles, on pouvait accomplir l'impossible : vu qu'elle attachait une grande importance à l'affaire, elle pensait qu'avec le temps elle pourrait apprendre à la gérer.

2.5.3 **L'application de la méthode d'analyse de cas**

Voici une analyse du cas « La Compagnie d'usinage Patrick Fortin inc. » effectuée selon la méthode décrite dans le présent chapitre. L'analyse peut varier selon le cas que l'on a à traiter. De plus, les options susceptibles d'être retenues sont multiples ; il peut exister plusieurs façons d'aborder le problème. L'analyse conduite ici n'est pas la seule possible. Notre but est simplement de montrer la manière de mener une analyse.

Analyse du cas[1]

A. La description du problème

La Compagnie d'usinage Patrick Fortin inc. est sans directeur depuis le décès de son propriétaire.

Le problème qu'a à résoudre la veuve de Patrick Fortin est de trouver un nouveau directeur.

B. L'analyse des causes et des conséquences

La compagnie fait face à une crise. La continuité de la gestion n'est pas assurée parce que Patrick Fortin n'avait pris aucune disposition concernant la succession à la tête de l'entreprise. Comme il s'agit d'une petite entreprise, il faut que quelqu'un prenne en charge sa gestion le plus vite possible.

Dans le cas présent, la confiance et la bonne foi sont des éléments essentiels. Les banquiers, les fournisseurs, les clients, les employés et les actionnaires auront tendance à se protéger en abandonnant la compagnie, à moins qu'on ne les rassure au sujet de la continuité de l'exploitation de l'entreprise. Si on tarde trop à régler le problème de la succession, ils finiront par perdre confiance. La valeur de la compagnie sur le marché diminue chaque jour. Tout acheteur potentiel peut faire baisser le prix en faisant traîner la négociation. Le pouvoir de négociation est faible.

Geneviève Hubert se trouve, elle aussi, dans une situation de crise. Elle a 52 ans, n'a aucune expérience de travail et vient de perdre son mari. Toute sa vie est bouleversée. Elle a besoin de temps pour prendre des décisions. Elle ne sait trop ce qu'elle veut faire. Va-t-elle continuer à vivre dans la même maison? Va-t-elle se trouver de nouvelles activités? Va-t-elle continuer à voir les mêmes gens? Leurs relations seront-elles les mêmes? Doit-elle acquérir une formation qui lui permettrait d'exercer une profession? A-t-elle le courage et la volonté nécessaires pour assumer le rôle de gestionnaire dans un milieu dominé par des hommes?

Comme on connaît son passé et les changements auxquels elle doit faire face, il peut paraître logique de penser que Geneviève Hubert pourrait redresser la situation en prenant les affaires de la compagnie en main. Elle aurait alors des problèmes concrets à résoudre et des occupations qu'elle trouverait peut-être intéressantes. Parfois, la meilleure façon de décider

---

1. Il faut noter que le destinataire est Mme Hubert, mais que l'analyse est écrite à la troisième personne (elle). Ce pourrait être la deuxième personne (vous), mais il est préférable de dépersonnaliser un rapport écrit parce qu'on ne sait pas quel usage on en fera.

est de passer à l'action. Les circonstances montrent le chemin à suivre ; il faut profiter des occasions qui se présentent.

C. La formulation des objectifs

Il y a lieu de dresser un inventaire des ressources humaines dont dispose la compagnie, car il est possible que la solution à la crise actuelle réside dans celles-ci. On relève les noms de Philippe Chabot, responsable de la production, de François Bernard, banquier, et d'Estelle Larocque, détentrice de 40 % des actions de l'entreprise. Mentionnons aussi le notaire de Geneviève Hubert. La compagnie compte 207 clients et 21 employés.

Étant donné que le salaire de Patrick Fortin est maintenant disponible et que les bénéfices de la compagnie atteignaient 300 000 $ avant sa mort, on dispose des fonds nécessaires (moyennant l'aide du banquier) pour utiliser les services d'experts en gestion au besoin ou pour soutenir les dépenses engagées par le règlement de la crise.

Le point le plus urgent, c'est de rassurer les intéressés sur la situation de la compagnie. Celle-ci doit être prise en main aussitôt que possible par une équipe de direction intérimaire, capable de poursuivre l'exploitation de l'entreprise dans un calme relatif. Cela est essentiel si l'on veut que les clients, les banquiers, les fournisseurs et les employés ne perdent pas confiance dans l'entreprise et que les relations avec les clients soient sauvegardées.

D. L'élaboration et l'évaluation des options

Voici les options qui se présentent :

1. Vendre la compagnie aussitôt que possible au meilleur prix.

Avantages	Inconvénients
– Aucun problème d'exploitation, aucune nécessité d'apprendre la gestion	– Nécessité de prendre une décision quant à un éventuel travail ; occasion perdue de devenir gestionnaire
– Niveau stable et connu de revenus du fait du placement des fonds résultant de la vente de l'entreprise	– Trop de temps libre pendant une période difficile
– Possibilité de voyager, de suivre des cours, de se livrer à de nouvelles activités	– Valeur actuelle de la compagnie en baisse constante ; position défavorable pour la négociation

2. Poursuivre les activités de la compagnie, avec, à la tête de celle-ci, Geneviève Hubert, assistée d'un conseiller-gérant ou d'un comité provisoire.

Avantages	**Inconvénients**
– Occasion d'apprendre la gestion	– Haut niveau de stress
– Possibilité d'augmenter la valeur de la compagnie en la rentabilisant	– Risque élevé
– Possibilité de rencontrer des gens travaillant dans divers domaines : clients, fournisseurs, cadres, experts, etc.	– Difficulté d'être prise au sérieux dans le rôle de patron

3. Poursuivre les activités de la compagnie, la gestion étant assurée par une équipe provisoire, jusqu'à ce que l'on trouve un partenaire-gérant (avec bénéfices proportionnels à sa participation).

Avantages	**Inconvénients**
– Pas de grandes responsabilités	– Ne donne pas une occupation à Geneviève Hubert
– Satisfaction des clients, banquiers, fournisseurs et autres	– Doutes concernant la possibilité de trouver un partenaire-gérant ; difficulté d'évaluer les efforts qu'il faudra investir dans cette recherche
– Restauration de la confiance et poursuite de l'exploitation	– Difficulté de constituer une bonne équipe de direction intérimaire
– Possibilité d'augmenter rapidement la valeur de la compagnie ; choix de vendre ou de prendre en charge la gestion plus tard	– Frais élevés occasionnés par l'association avec un partenaire-gérant

E. Le choix de l'option

Nous recommandons la solution 2. Ses avantages sont les suivants :

- valeur actuelle maximale ;

- occasion d'apprendre sur le tas la gestion d'une petite entreprise ;

- possibilité pour Geneviève Hubert de vendre plus tard, alors qu'elle aura acquis une expérience en gestion, à un poste de direction ;

- intérêt considérable porté par Geneviève Hubert à la compagnie ; le fait de s'occuper de celle-ci lui a fait gagner une certaine indépendance.

D'autre part, il convient de prendre en considération un certain nombre d'obstacles qui risquent d'apparaître. Il faudrait s'assurer, par exemple, que Geneviève Hubert aura à sa disposition toutes les ressources nécessaires pour aplanir les difficultés qui surgiront devant elle. Elle aura besoin d'aide et elle devra aussi se faire respecter. Il lui faudra vaincre le scepticisme de certains employés. Pour ce faire, elle devra s'entourer de personnes capables de la guider dans son travail.

Les options 1 et 3 sont à exclure. Elles seraient valables si Geneviève Hubert avait résolu de donner une autre orientation à sa vie. Ce n'est pas le cas. Comme elle n'a pas de projets, ces deux options la laisseraient dépendante et la priveraient de la possibilité d'exercer un nouveau métier.

Dans le cas de l'option 1, le risque de ne pas trouver d'acheteur est trop élevé. Et même si l'on en trouve un, le pouvoir de négociation de Geneviève Hubert est faible étant donné que la compagnie est en crise.

L'option 3 aurait été possible si on avait déjà trouvé un bon partenaire-gérant. En général, il est difficile de trouver quelqu'un qui a les capacités nécessaires pour gérer une PME et qui peut exercer cette fonction immédiatement.

F. La mise en application de l'option retenue

Tout d'abord, Geneviève Hubert doit décider si elle prend en charge la gestion de l'entreprise. Nous lui conseillons de se placer à la tête de l'entreprise. Il s'agit pour commencer de s'assurer qu'elle a l'appui de ceux avec qui elle devra travailler, de se montrer résolue et prête à fournir l'effort nécessaire. Elle doit leur faire part de sa ligne de conduite et aussi se montrer accueillante aux idées et aux conseils des autres.

Comment doit-elle s'y prendre ? Dans l'immédiat, elle doit s'informer sur la situation actuelle de la compagnie ; elle doit savoir quelles sont les personnes capables de l'aider, quelles sont leurs compétences et quelle rétribution elle devra leur payer. Elle a besoin d'une équipe qui sache la conseiller. Il est évident que Philippe Chabot (responsable de la production) et Estelle Larocque (détentrice de 40 % des actions) pourraient en faire partie. Mais est-ce le cas du banquier, du notaire et du comptable de la compagnie? Quels sont précisément leurs rôles? Geneviève Hubert peut-elle leur accorder sa pleine confiance? Est-il possible de trouver un conseiller qui connaisse bien la gestion d'entreprise et que l'on puisse engager pour un temps limité?

Ces questions permettent de déterminer quelles sont les contraintes et les ressources inhérentes à la situation, et de guider l'action de Geneviève Hubert.

Que doit-elle faire ensuite? Elle doit prendre contact avec chaque client important et chaque fournisseur. Si elle fait elle-même les visites ou les appels, elle a de fortes chances de trouver des clients qui soient réceptifs, par respect pour la mémoire de son mari et peut-être surtout en raison du bon souvenir qu'ils ont gardé de leurs relations avec ce dernier. Au début, Geneviève Hubert pourra se faire accompagner par Philippe Chabot. Puisqu'il est admis que 80 % des ventes sont faites à 20 % des clients, il suffit que 40 clients achètent pour assurer la réussite de l'entreprise. Geneviève Hubert doit donc s'attacher à mieux connaître les rapports passés ou actuels entre sa compagnie et celles avec lesquelles elle fait des affaires. Elle doit assurer la banque que les dettes à court terme de son entreprise seront acquittées comme auparavant et lui demander de conserver à l'entreprise la même marge de crédit.

Quelle devra être la ligne de conduite de Geneviève Hubert dans ses rapports avec tous ces gens? Tout d'abord, elle doit inspirer confiance; elle doit convaincre les gens que la compagnie va survivre et prospérer. Puis elle doit les motiver et s'assurer qu'ils se soucient de la réussite de l'entreprise. Elle doit montrer clairement qu'elle apprécie l'aide des autres pendant son apprentissage de la gestion, apprentissage qu'elle espère le plus court et le moins coûteux possible.

Geneviève Hubert doit évaluer ses capacités et connaître ses limites pour demander de l'aide au bon moment et exploiter ses talents.

Au début, l'équipe interne (Philippe Chabot, Estelle Larocque et Geneviève Hubert) devra se réunir — probablement tôt chaque matin — afin de dresser le programme de la journée et de faire connaître, par des visites ou des appels téléphoniques, les projets et les objectifs de la compagnie aux groupes ou aux individus susceptibles de lui fournir un appui (les clients, les banques, etc.). On aura besoin de nouvelles commandes et de nouveaux clients, ainsi que d'une aide financière permettant de compenser le manque initial de commandes.

Après un certain temps, on connaîtra mieux les besoins des clients et les particularités des fournisseurs, et on agira en conséquence. C'est là un processus d'apprentissage. Les éléments inconnus sont éliminés un à un. La survie de la compagnie étant assurée, on pourra évaluer les facteurs à long terme et prendre certaines décisions. Une fois la compagnie sortie de la crise, Geneviève Hubert pourra faire le point en ce qui concerne son travail de gestion, sa situation financière et ses intérêts personnels ; elle pourra alors prendre des décisions plus éclairées.

La participation de Geneviève Hubert dans les affaires de la compagnie contribuera à la bonne marche de l'exploitation. Elle doit réduire au minimum les risques et éviter, par exemple, d'investir son argent personnel dans la compagnie. La survie et la réussite de l'entreprise dépendent du degré de confiance qu'inspire la nouvelle équipe de gestion dirigée par Geneviève Hubert.

2.6 **Conclusion**

Dans le présent chapitre, nous avons vu que la discussion, la préparation et la rédaction du rapport de cas sont trois processus distincts comportant chacun plusieurs étapes. Ces étapes, quoique distinctes en théorie, ne sont pas faciles à isoler dans la pratique, car elles sont connexes entre elles. Le participant doit les considérer comme différentes, chacune constituant une forme d'apprentissage de l'analyse de cas.

La capacité d'analyse et l'efficacité de la rédaction sont des qualités d'ordre professionnel. Les relations entre un conseiller-expert et son client, entre un employé et son patron, entre un entrepreneur et son banquier, illustrent bien l'importance de l'analyse et de la communication des idées dans la gestion des entreprises.

Par ailleurs, chaque cas (ou situation) est différent. Voilà pourquoi le participant doit apprendre à recueillir les informations appropriées, tant sur le plan de la théorie que sur celui de la pratique (ce qui a rapport au niveau des connaissances acquises), et savoir quand et comment communiquer ses idées (jugement clinique ou professionnel).

La formation professionnelle est un processus long et ardu. C'est à l'analyste qu'incombe la tâche d'établir des critères de qualité et de succès.

À la fin de l'exercice, le participant devrait être amené à se poser des questions telles que celles-ci :

- Qu'est-ce que je retiens de mon expérience d'apprentissage de la méthode des cas ?

- Est-ce que la méthode des cas m'a permis de réaliser d'autres apprentissages (p. ex., utilisation d'outils d'aide à la décision, exercice du leadership) ?

- Avec la méthode des cas, est-ce que je me suis découvert des compétences (p. ex., compétence en communication avec mes coéquipiers, créativité) ?

- Est-ce que je peux, avec une certaine habileté, utiliser la méthode des cas comme mode de résolution de problème ?

- Est-ce que je continue de me poser des questions concernant la valeur et l'utilité de la méthode des cas ?

- Est-ce que la méthode des cas m'a permis d'« apprendre à apprendre » ?

CHAPITRE 3

L'enseignement et l'animation de cas

Un cas n'est pas un cours.
Il constitue plutôt une pièce
en plusieurs actes.

A.R. TOWL,
Case Course Development:
The Case Method of Learning
Administration, **Intercollegiate**
Case Clearing House.

3.1 **Introduction**

Tenant compte du fait qu'enseigner c'est faire apprendre, plusieurs enseignants et formateurs utilisent la méthode des cas parce qu'elle oblige le participant à être actif et qu'elle permet d'unir la théorie et la pratique.

> Fondamentalement, la méthode des cas consiste à faire étudier par un groupe, au cours d'une séance ou d'une succession de séances, des situations-problèmes concrètes présentées avec leurs détails réels. Son objectif est de provoquer, à partir de chaque analyse de cas, une prise de conscience exacte et adaptée de la situation, puis une conceptualisation « expérientielle » et enfin une recherche des solutions efficaces. (Mucchielli, 1987.)

Comme nous le montre la citation de Mucchielli, la participation constitue le fondement de la démarche d'apprentissage contenue dans la méthode des cas. La valeur ajoutée résultant de l'utilisation d'un cas vient des échanges d'opinions auquel il donne lieu. Aussi une attention particulière est-elle apportée dans ce chapitre à un aspect souvent négligé de la méthode, celui de l'exploitation optimale de la dynamique d'une classe.

Utilisée en tenant compte de cette dynamique, la méthode des cas peut être une pratique enrichissante et pour les participants et pour les formateurs. Ce chapitre s'adresse à ceux qui veulent tenter l'expérience.

3.2 **Les étapes de l'enseignement ou de l'animation**

Le terme «étape» réfère à une succession ordonnée d'opérations à l'intérieur d'un processus donné. On distingue trois étapes : la préparation, l'animation et le suivi. Ces étapes ne constituent pas un processus linéaire, car elles peuvent se chevaucher en partie. Certaines formes de combinaisons sont présentées de façon schématique dans la figure 3.1.

Dans les sections suivantes, nous décrirons chacune des étapes en indiquant, s'il y a lieu, les difficultés qu'elles comportent. L'étape de la préparation est divisée en cinq sous-sections, et celle de l'animation en deux ; l'étape du suivi est plutôt subdivisée en catégories. Cette dernière étape est moins développée, car elle est examinée en détail dans le chapitre 2, «L'analyse de cas : guide du participant».

3.2.1 **La préparation**

Prise dans son sens large, la préparation fait référence à tout ce qui doit être fait ou mis en place avant d'arriver en classe, au point de vue psychologique, pédagogique et matériel. L'étape de la préparation comprend le choix des objectifs, la sélection du cas, l'analyse préliminaire, la planification de la démarche et de l'animation et, enfin, l'organisation matérielle, physique et technique.

La préparation n'est pas un processus linéaire. Les groupes d'opérations sont interdépendants les uns des autres. L'organisation dépend des circonstances, des buts et des intentions du formateur. Il peut y avoir plusieurs façons de se préparer. Chaque formateur a sa méthode et chaque situation est unique. À noter cependant : quelle que soit l'orientation donnée à la démarche, la préparation est essentielle au succès.

A. *Le choix des objectifs*

Ne pas avoir d'objectifs équivaut à entreprendre un voyage sans avoir de destination. Les objectifs sont le point de départ et d'arrivée. Au départ, ils orientent la démarche. À l'arrivée, ils servent à l'évaluation. Ils sont définis en fonction notamment du profil de la clientèle, des buts du programme et du cours, et tiennent compte des contraintes liées au nombre de participants, au lieu et au temps. Ils énoncent de manière claire et précise les attentes en ce qui concerne la matière à apprendre et les compétences à acquérir. Ainsi, un objectif dans le domaine du comportement organisationnel pourrait être d'appliquer un modèle de gestion des conflits.

Figure 3.1   **Les étapes de l'enseignement d'un cas**

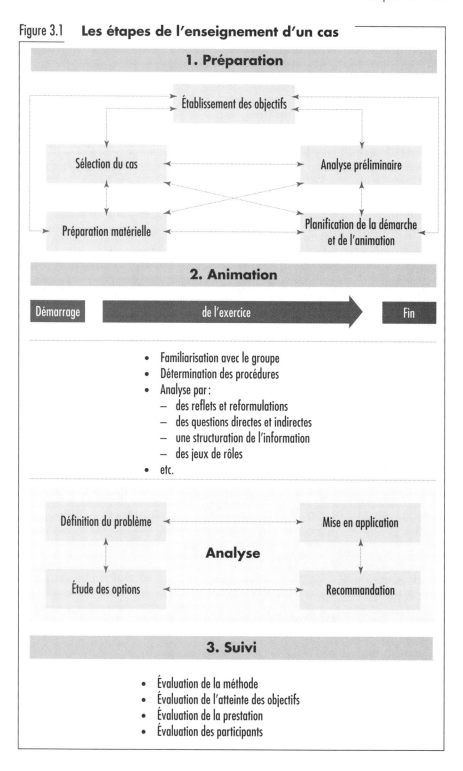

Les objectifs qu'un formateur est susceptible de se fixer en vue du traitement d'un cas peuvent être multiples et varient d'un cas à l'autre. Aucun cas ne peut y répondre en totalité. Il faut faire des choix, déterminer quels sont les objectifs prioritaires ou les plus ajustés aux circonstances.

Pour établir des objectifs, on peut se poser des questions telles que les suivantes : Quelles sont les connaissances ou les compétences à acquérir ? Quelles conditions favorisent l'acquisition des habiletés ou des attitudes recherchées ? Comment mesurera-t-on l'acquisition de ces habiletés et de ces attitudes ?

La méthode des cas est souple et polyvalente. Elle peut admettre une variété infinie d'objectifs, du plus simple au plus complexe. Les objectifs peuvent se rapporter directement à la matière à traiter ou à la méthode. Comme exemples d'objectifs ayant rapport à la matière à traiter, citons l'acquisition des notions de base dans une discipline donnée, l'assimilation des principes d'une théorie et la stimulation de l'intérêt pour un domaine précis. « Acquérir une expérience professionnelle », « apprendre à faire des diagnostics », « définir son éthique personnelle » sont des exemples d'objectifs ayant rapport à la méthode.

L'établissement de diagnostics, étant donné sa popularité, mérite que l'on s'y attarde. Pour certains participants, savoir traiter de phénomènes complexes en employant les termes techniques qui conviennent est un diagnostic. Le diagnostic est souvent confondu avec la description d'une situation. La description n'est que la première étape. Le diagnostic implique la définition et la formulation du problème à résoudre. Il demande qu'on « décrypte[r] des informations éparses, contradictoires, partielles de telle sorte que ce travail aboutisse à la formulation du problème, à son analyse et à sa résolution » (Citeau, 2002).

La méthode des cas a depuis longtemps la réputation de favoriser le développement de l'esprit d'analyse et de synthèse, du jugement critique, de la capacité d'élaborer des décisions. Parfois associée à des cours magistraux, elle peut aider les étudiants à définir les hypothèses destinées à appuyer leur argumentation ou encore à appliquer un modèle ou une théorie. D'un point de vue pédagogique, elle peut être utile pour améliorer la dynamique de la classe ou la qualité de la participation. Dans des cours traitant de sujets de nature sociologique tels que les différences interculturelles, elle peut servir à faire prendre conscience de l'existence de facteurs d'influence particuliers ou à mettre en évidence des différences de points de vue. Elle aide à acquérir des qualités individuelles telles que l'habileté à répondre aux questions, la capacité de soutenir un débat d'idées, d'être à l'écoute, de communiquer oralement ou par écrit et même de gérer son temps. De plus, comme cela est mentionné dans le chapitre 1, le formateur peut inviter les participants à concentrer leur attention sur leur façon d'apprendre afin d'apprendre à apprendre.

Le principal risque que comporte la méthode des cas est la détermination d'objectifs généraux difficilement mesurables ou imprécis, tels que «construire une expérience professionnelle». La rigidité, qui a pour effet de rendre moins attentif à la dynamique de la classe, constitue un autre risque. Les objectifs initiaux peuvent être modifiés et ajustés en cours de route. C'est l'aspect «aventure» de l'utilisation de la méthode. L'absence d'objectifs précis constitue le risque le plus sérieux. Le formateur dépend alors de la dynamique du groupe et risque de s'empanner. Ce terme technique de la marine désigne l'action du voilier qui fait du surplace et vire constamment de bord.

B. Le choix du cas

Il existe de nombreux types de cas. Ils peuvent être choisis en fonction du thème traité, de leur degré de complexité, de l'environnement qu'ils décrivent et du type d'objectif qu'ils permettent d'atteindre. Plusieurs éléments peuvent être pris en compte au moment du choix d'un cas. Le programme, la matière enseignée, le niveau d'instruction des participants et leur connaissance plus ou moins étendue de la méthode des cas en sont quelques-uns. Idéalement, comme le recommande P. Dell'Aniello dans le chapitre 4, «le cas devrait intéresser directement le lecteur, avoir rapport avec la réalité de ce dernier et avec la matière à apprendre». Les questions qui ont servi à la formulation des objectifs peuvent être utiles à cette étape. Les «notes pédagogiques», généralement rédigées par l'auteur du cas et vendues avec le cas, font épargner du temps.

Les cas peuvent être classés en catégories. Les cas aboutissant à une prise de décision sont les plus classiques. Ils permettent aux participants de se mettre à la place des différents personnages, de comprendre le point de vue de ces derniers et de réfléchir aux décisions à prendre et aux actions à accomplir. Ces cas sont plus ou moins complexes selon la nature et l'abondance de l'information. Les cas d'évaluation ont rapport à une situation qui doit être analysée et évaluée, soit sur une échelle restreinte, soit d'un point de vue global. Ils servent surtout à familiariser l'apprenant avec l'établissement de diagnostics. Enfin, les monographies d'entreprises fournissent divers renseignements sur l'histoire d'une compagnie, sur ses activités et sur les problèmes éprouvés ; l'environnement organisationnel y est souvent bien décrit. Comme elles couvrent divers aspects du fonctionnement d'une organisation, elles sont polyvalentes. Elles peuvent servir à atteindre différents objectifs d'apprentissage.

Les publications décrivant les activités passées d'un personnage public et la manière dont il s'y est pris pour développer ses qualités de chef sont appelées « histoires de cas en direction et leadership » (Lapierre, 2002). Elles sont souvent utilisées dans des cours axés sur la connaissance de soi et le développement d'habiletés personnelles. Si le caractère de l'environnement est correctement présenté, ce type de cas peut aussi servir à étudier des problèmes de gestion liés au contexte.

À cette étape de la sélection du cas, si on concentre toute son attention sur la discipline enseignée, on risque d'oublier les objectifs d'apprentissage reliés au développement d'habiletés de gestion. Par ailleurs, le formateur qui n'a en vue que son seul intérêt peut porter son choix sur un cas excédant les capacités des participants. Dans le premier cours, avec un groupe d'étudiants peu familiarisés avec la méthode, il est préférable de prendre un cas simple à résoudre et de s'attacher uniquement à enseigner la méthode ou à intéresser les participants à la matière. Les obstacles rencontrés à cette étape proviennent d'une mauvaise adaptation de l'instrument à l'objectif. Le cas ne doit jamais être choisi au hasard.

C. L'analyse préliminaire du cas

Bien connaître son cas, en maîtriser les détails donnent de l'assurance. L'analyse préliminaire est le meilleur moyen de se préparer quant au contenu et de déterminer la marche à suivre. Lorsqu'un cadre d'analyse est clair, il est plus facile de mettre les éléments en relation les uns avec les autres. Un cadre d'analyse bien défini permet de dégager les faits pertinents et d'élaborer des hypothèses. À cette étape de la planification, il convient de mener différentes formes d'analyse en vue de découvrir les divers arguments qui, en classe, pourraient être opposés à la thèse qu'on défend. Le chapitre 2, intitulé « L'analyse de cas : guide du participant », distingue trois formes d'analyse : systémique, comportementale et décisionnelle (Ronstadt, 1977). À celles-ci on peut ajouter la forme mixte.

Il est nécessaire de faire plus d'une lecture. La première lecture permet de se familiariser avec le contenu, le langage employé et la nature de l'information qui est présentée. Elle permet de vérifier si le cas correspond aux objectifs poursuivis et au contexte d'utilisation. Les lectures subséquentes servent à répondre à des besoins plus particuliers concernant l'enseignement ou la compréhension de la matière.

Il importe de savoir que les analyses ne peuvent aboutir à la formulation d'une seule et unique solution. Il est donc préférable d'envisager plusieurs options, de dégager le plus grand nombre possible de notions et de concepts ayant rapport au cas. Les « notes pédagogiques » qui sont souvent annexées au cas ne suffisent pas toujours. Il ne faut pas craindre d'interroger d'autres formateurs qui connaissent bien le cas à l'étude.

Il est essentiel de prévoir des questions qui serviront à l'animation. Les plus courantes sont :

- Quelles sont les personnes directement concernées ?

- Quels sont leurs objectifs déclarés ou implicites ?

- Quelles sont les décisions à prendre ? Qui devra se charger de les appliquer ?

- Quels problèmes, occasions favorables et risques le cas comporte-t-il ?

- Quelles sont les solutions possibles ?

- Quelles actions pourrait-on réaliser ?

Les questions seront ciblées, mais elles ne seront ni trop précises ni tendancieuses, de manière à ne pas trop orienter les réponses. Un professeur de gestion considéré comme un expert dans le maniement de la méthode préfère poser des questions très ouvertes telles que celle-ci : « Que se passe-t-il ici ? » (Lapierre, 2001).

D'autres questions doivent être prévues pour faire avancer l'analyse et stimuler la réflexion au cas où les idées n'émergeraient pas spontanément des échanges.

On doit préparer l'étape où l'on fera l'intégration des notions en sélectionnant les notions essentielles que l'on veut faire ressortir. Les questions relatives au transfert d'apprentissage ne doivent pas être oubliées. Elles représentent une valeur ajoutée dans l'utilisation de la méthode. Ainsi, on peut clore l'analyse en posant les questions suivantes aux intéressés : « Quelle notion pensez-vous pouvoir appliquer dans votre milieu de travail ou dans votre vie de tous les jours ? » ; « Que retenez-vous de nos échanges et qu'est-ce qui vous sera le plus utile ? » Les réponses apportées à ce type de questions peuvent être surprenantes. Elles ne se rapportent pas nécessairement à la théorie, mais elles informent toujours des préoccupations des participants.

On peut susciter la réflexion sur le processus d'apprentissage lui-même : « Comment a-t-on fait l'analyse du cas ? » ; « Quelle tâche a été la plus stimulante ? » ; « Les concepts ont-ils été utilisés correctement ? » ; « Si oui, pourquoi ? » ; « Sinon, pourquoi ? » Ce type de questions amène le participant à prendre conscience de sa démarche d'apprentissage.

Un examen sommaire du cas, une préparation insuffisante ou, au contraire, un excès de préparation sont autant d'écueils à éviter. On doit veiller à ne pas déborder le cadre d'analyse et à ne pas disperser son attention. Le formateur a avantage à utiliser le mode d'analyse qu'il connaît le mieux.

D. La planification de la démarche et de l'animation

S'il ne s'efforce pas de prévoir la direction que peut prendre la discussion, le formateur risque de ne couvrir qu'une partie de la matière ou de simplement effleurer la partie la plus importante. Il lui appartient de décider des éléments stratégiques de la démarche pédagogique.

Planifier la démarche, c'est déterminer l'importance relative des trois éléments suivants : la matière, les participants et la relation entre les deux. Clawson et Frey (1986-1987) proposent de considérer, tel un commandant d'infanterie, le cours comme une carte topographique et de définir de façon stratégique la meilleure façon d'atteindre son but. Le cours est comparé à un territoire ou à une zone d'action. Clawson et Frey appellent *mapping,* traduit ici par « stratégie pédagogique » ou « cheminement pédagogique », l'établissement de l'itinéraire. Ces spécialistes du *case map* suggèrent la démarche suivante : discerner les sujets que le cas permet de traiter et mettre en fiches le résultat de son examen ; inscrire sur chaque fiche (ou papillon autocollant) les faits et les principes qui pourraient être liés à ces sujets ; choisir les sujets et les placer sur une table de la même façon qu'on déroule une carte ; relier par des flèches les sujets qui ont des rapports entre eux ; énoncer les questions ou les phrases susceptibles d'aider les participants à passer d'un sujet à un autre.

Le travail de préparation d'un guide touristique peut ici être source d'inspiration. Il considère d'abord le type d'excursion que le touriste veut faire, puis il détermine ce qui est de nature à intéresser ce dernier. Il note les lieux qui sont absolument à visiter. Il établit le profil des voyageurs. Ainsi, de jeunes touristes n'ont pas les mêmes intérêts et ne se déplacent pas de la même manière que des touristes âgés. Le guide fixe un point de départ, décide des lieux à visiter et des informations à donner. Les touristes attendent du guide qu'il remplisse au mieux le temps alloué pour l'excursion et qu'il connaisse parfaitement l'itinéraire. Le guide doit déterminer d'avance quel site sera vu en premier et lequel viendra en dernier. Il ne prend pas ces décision juste avant de partir, ni dans l'autocar. L'itinéraire, dressé à l'avance, sert à planifier, à coordonner les actions et permet d'éviter certains désagréments d'ordre matériel.

Au moment de cette planification, le fait de prévoir des périodes de consultation témoigne d'une attitude réceptive et assure un bon emploi du temps. Les questions posées par les touristes informent le guide sur les intérêts de ces derniers et lui permettront de faire les ajustements nécessaires s'il y a lieu.

L'humeur du guide peut aussi influer sur le succès de la visite. Il se peut par exemple qu'il soit fatigué de répéter les mêmes informations. Il a pleinement le droit de tenir compte de ses propres besoins, de vouloir échapper à la routine et de se réserver la possibilité de modifier l'itinéraire. L'excursion n'en sera que plus profitable pour tout le monde. Comme les touristes, les participants aiment que le formateur leur communique sa passion. Le formateur épris de son travail a toutes les chances d'être intéressant. Il lui appartient de s'interroger sur sa motivation et, le cas échéant, de modifier sa conduite.

La stratégie peut être aussi envisagée du point de vue du rôle à remplir. Le formateur veut-il être un spécialiste du contenu ou un spécialiste de la méthode? Christensen, une autorité américaine en ce qui regarde la méthode des cas, considère que l'enseignant est «un planificateur, un hôte, un animateur-modérateur, un avocat du diable, un apprenant, un juge» (Christensen, Garvin et Sweet, 1991). Étant donné le grand éventail de possibilités, le danger de la confusion de rôles est évident. Le formateur n'a pas l'obligation de jouer tous les rôles et encore moins de les jouer lui-même. Les participants présents dans la classe ont tous des talents. Ils peuvent endosser certains rôles spontanément ou sur demande. Le formateur doit savoir reconnaître les talents, les employer et aider à leur développement.

Il ne suffit pas de préparer le contenu; le formateur doit aussi être prêt psychologiquement à subir diverses pressions. Les participants s'attendent, comme dans un cours traditionnel, à ce qu'il explique et qu'il donne la bonne réponse. Ainsi, on tentera de lui faire donner la réponse à une question, on se retranchera derrière un silence hostile, on manifestera de l'impatience. C'est seulement s'il a déterminé d'avance sa façon de manœuvrer que le formateur peut rester maître de la situation.

L'emploi de la méthode des cas exige à la fois qu'on sache donner une direction à l'analyse et à la discussion et qu'on soit flexible dans le choix des moyens à prendre. Si la planification est trop rigide, on aura du mal à se concentrer sur la fin que l'on poursuit et on risque de ne pas mettre à profit certaines possibilités d'action en cours de route. La destination est certes importante, mais c'est le voyage lui-même qui permet l'apprentissage. Il est bon que le formateur ait à sa disposition diverses ressources de façon à parer aux éventualités. Il doit prévoir par exemple qu'un cas aura une incidence sur la dynamique du groupe, que son autorité pourra être remise en cause. Comment favorisera-t-il une meilleure participation, comment s'y prendra-t-il pour vaincre l'indifférence des étudiants? Si le cas comporte des questions d'ordre social ou éthique, comment gérera-t-il un conflit d'opinions dans la classe? S'il s'applique à bien remplir son rôle d'animateur, le formateur sera en mesure de faire face aux différents obstacles qu'il rencontrera en classe.

Les pièges les plus couramment constatés à l'étape de la planification sont les suivants : absence d'une vue d'ensemble, sous-évaluation du temps à consacrer aux diverses opérations, absence d'un cadre d'analyse, désir obstiné de concilier les intérêts en présence. S'être assigné un objectif précis est une condition préalable. « Pour celui qui n'a pas de destination, le vent n'est jamais favorable », a dit un sage.

E. La préparation matérielle et technique

Pour la préparation matérielle, le formateur doit prendre en considération un certain nombre d'éléments :

- les renseignements relatifs aux participants (p. ex., listes énumérant leur scolarité, leur âge, leur origine ethnique, etc.) ;
- la formation des participants ;
- leur connaissance de la méthode et de la matière ;
- la préparation et la vérification du matériel technique et pédagogique ;
- la visite préalable des lieux.

La salle de classe crée souvent des problèmes. Un principe devrait guider l'aménagement de la salle : favoriser autant que possible le contact visuel entre le plus grand nombre d'étudiants ou de participants, tout en permettant à chacun de suivre les propos de l'enseignant ou de l'animateur. Par exemple, une disposition en longueur peut être changée en une disposition en largeur. La distance entre le formateur et les participants du dernier rang est ainsi réduite et la qualité des échanges est améliorée. Il faut donc veiller à bien aménager la classe.

Le même principe implique que l'on connaisse le nom des participants pour pouvoir s'adresser à eux. Il y a plusieurs moyens d'apprendre leurs noms. Des cartons placés sur les tables ou les pupitres sont le moyen le plus simple. Certains animateurs dressent un plan de la classe, y joignent parfois une photo et demandent aux participants de s'asseoir toujours à la même place.

La méthode des cas est plus facile à appliquer dans de petits groupes. Toutefois, bon nombre de formateurs parviennent à atteindre leurs objectifs avec de grands groupes. Plusieurs facteurs entrent ici en ligne de compte, en particulier l'aisance du formateur à expliquer la méthode des cas et à s'ajuster au niveau d'expérience des participants. Certains péda-gogues fixent à 24 le nombre idéal de participants dans un groupe, d'un point de vue pédagogique aussi bien que d'un point de vue administratif.

> En théorie, la taille d'une classe ou d'un groupe apparaît comme une variable significative. Les effets de la taille du groupe semblent plus importants pour les classes employant la méthode de discussion que pour des classes employant des stratégies plus traditionnelles comme les conférences. (Davies, 1976.)

La figure 3.2 présente les variables sur lesquelles influe la taille du groupe.

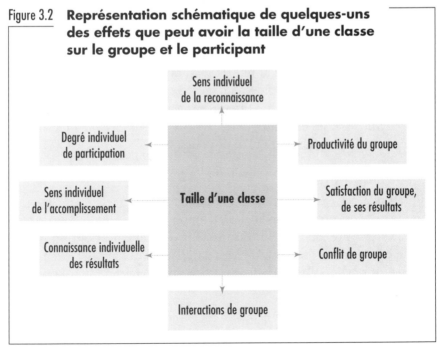

Figure 3.2 Représentation schématique de quelques-uns des effets que peut avoir la taille d'une classe sur le groupe et le participant

Sens individuel de la reconnaissance

Degré individuel de participation

Productivité du groupe

Sens individuel de l'accomplissement

Taille d'une classe

Satisfaction du groupe, de ses résultats

Connaissance individuelle des résultats

Conflit de groupe

Interactions de groupe

Source: I.K. Davies, *L'art d'instruire*, France, Éd. Hommes et techniques, 1976, p. 142.

Les effets de la taille du groupe sur ces variables peuvent être expliqués.

> *À mesure que la taille du groupe s'accroît :*
> - ✓ *les connaissances et l'expérience du groupe augmentent ;*
> - ✓ *le groupe a plus de difficulté à utiliser ces ressources du fait de l'augmentation du nombre de canaux de communication ;*
> - ✓ *la qualité des interventions va en diminuant ;*
> - ✓ *les divergences d'opinions entre les participants vont en s'accentuant ;*
> - ✓ *le nombre de participants indifférents augmente, de même que la difficulté d'évaluer la participation ;*
> - ✓ *le nombre d'individus qui s'abstiennent de participer augmente.*

Il n'existe pas de taille idéale valable pour toutes les situations. La recherche démontre que, dans la mesure où les objectifs pédagogiques à atteindre sont modestes, les classes nombreuses obtiennent des résultats comparables à ceux des petites classes. Cependant, quels que soient la taille du groupe et l'objectif, c'est le style d'animation qui détermine la réussite.

La planification revêt une grande importance. Les ingénieurs disent qu'une heure de planification fait épargner quatre heures de travail. Une bonne planification de l'animation donne de l'assurance, permet de rester maître de la situation, de réagir rapidement en cas d'imprévu. Du point de vue pratique, elle permet d'avoir en main le matériel nécessaire au moment voulu, d'informer les étudiants à temps des tâches qu'ils ont à réaliser et, idéalement, de les inscrire au plan de cours.

3.2.2 **L'animation**

La méthode des cas est l'approche interactive par excellence. Elle pose comme principe que l'action favorise l'apprentissage et que le rôle du formateur se rapproche de celui du metteur en scène. L'adoption de ces principes détermine l'attitude d'esprit dans laquelle se feront les échanges entre le formateur et les participants. À ce sujet, Axelrod (1980) propose trois orientations :

- une première centrée sur la matière : l'enseignement a pour but d'aider le participant à assimiler des principes, des notions, des théories et à maîtriser l'emploi de certains instruments ;

- une orientation centrée sur le formateur : les participants sont amenés à adopter le point de vue du formateur, car les connaissances transmises par ce dernier sont considérées comme reposant sur des bases solides ;

- une orientation centrée sur le participant : on a surtout en vue le développement du participant sur les plans moral, intellectuel et social.

Ces orientations ne sont pas mutuellement exclusives. Elles peuvent être suivies concurremment ou séparément au cours d'une séance de travail.

L'animateur d'une discussion est comme un chef d'orchestre, comme un meneur de jeu. Il dispose de divers moyens pour déclencher la discussion, pour favoriser l'expression du plus grand nombre d'opinions ou d'idées possible sur un sujet donné.

« Animer un cas, disent Christensen et ses collaborateurs (1991), c'est gérer la spontanéité. » C'est plus qu'une simple discussion sur un sujet donné, plus qu'une forme d'échanges de vues sur des principes ou des informations données dans le cas ou fournies en classe.

La discussion en grand groupe animée par le formateur est, classiquement, au centre de l'application de la méthode. Il n'est cependant pas obligatoire de suivre cette formule. Les échanges peuvent se faire sous différentes formes : jeux de rôles, discussions semi-dirigées en sous-groupes. Quant à nous, nous privilégions les approches qui permettent l'expression du plus grand nombre d'idées et d'opinions par le plus grand nombre de participants.

Les jeux de rôles peuvent être utilisés à toutes les étapes de l'animation. Ils aident les participants à développer leurs capacités ou à acquérir des compétences en matière de prise de décisions, de gestion des conflits, de direction de groupes ou d'expression des idées. Les jeux de rôles sont particulièrement intéressants dans les domaines du comportement organisationnel et de la gestion du personnel (p. ex., dans une entrevue d'évaluation). Dans les jeux de rôles, l'analyse selon les points de vue des différentes personnes concernées par le cas peut amener les participants à faire des découvertes surprenantes. Ainsi, un directeur d'école qui jouait le rôle d'un préfet a pris conscience de son propre style de leadership.

Les discussions en petits groupes peuvent se faire sur des sujets déterminés à l'avance, qui ne sont pas nécessairement les mêmes pour chaque sous-groupe. L'attribution de sujets complémentaires à différents sous-groupes favorise l'interaction et la coopération. Chaque fois que l'on fait travailler en équipe, il faut cependant prendre en compte les autres mécanismes liés à la dynamique de groupe, en particulier les jeux d'influence. L'analyse et la solution présentée peuvent être celles d'une seule personne dans le groupe.

Un bon formateur est réceptif aux signaux envoyés par le groupe. Il repère et décode les signes non verbaux, tels que les regards échangés entre eux par les participants, la diminution du nombre de questions, l'augmentation du nombre d'individus montrant de l'indifférence, les bruits ou les silences. Comme il dirige la discussion, il peut donner la parole à telle ou telle personne, stimuler l'intérêt des participants apathiques, réorienter le débat, etc. Le formateur doit savoir poser des questions qui recentrent la discussion sur le sujet.

Le formateur doit rester neutre dans l'examen du fond du problème. Cela implique, dans l'application de la méthode des cas, que l'animateur ne se présente pas comme l'expert de contenu bien que les participants le considèrent comme tel. Il est le « spécialiste » de la méthode et de la démarche. La neutralité ne signifie pas le « laisser-faire ». Elle comporte certaines exigences. Le formateur doit ainsi éviter de formuler son opinion et de faire des suggestions ou des évaluations personnelles. La neutralité ne signifie pas non plus qu'on accepte sans discussion les opinions émises par les participants ou qu'on reformule systématiquement tout ce qui est dit en classe. « Neutralité n'est pas synonyme d'indifférence au contenu, aux opinions et aux personnes. » (Mucchielli, 1987.)

Une simple discussion et une discussion de cas n'ont pas les mêmes fins. Dans la méthode des cas, les objectifs sont ordinairement fixés à l'avance par le formateur, tandis que, dans une simple discussion, ils varient suivant les participants.

A. Les étapes de l'animation

L'animation constitue un processus et comporte des étapes. Les connaître et les reconnaître structurent la démarche dans le temps et favorisent une meilleure utilisation des ressources.

À la *première étape,* le formateur fait connaissance avec les participants. Il se présente au groupe, décrit la marche à suivre et explique la démarche aux participants. L'établissement d'un bon climat de travail et la stimulation de l'intérêt sont essentiels au succès de l'entreprise ; ils demandent peu de temps et ils aident au bon déroulement du processus. Un climat propice à l'échange favorise l'expression des idées. L'accueil, le ton utilisé, une anecdote placée à propos sont des moyens simples et efficaces.

L'attention portée à ce qui se passe « ici et maintenant » facilite les échanges. Par exemple, le fait de tenir compte de la tension ou de la fatigue observée est une marque d'attention qui crée un contact entre le formateur et les participants. Un climat d'échange est ainsi établi.

Le démarrage constitue la *deuxième étape*. À l'Université Harvard, l'enseignant choisit au hasard un étudiant à qui il pose la question de démarrage. L'étudiant sera évalué sur la qualité de sa réponse. Il y a donc une grande tension dans la classe due à la crainte d'être choisi et à l'évaluation qui s'ensuit. La tension a ses bons côtés, car elle oblige les participants à se préparer. Pour atténuer la tension, certains formateurs informent à l'avance le participant qui sera choisi pour la première présentation de l'analyse.

Comme nous l'avons indiqué dans la section portant sur la planification, le choix des questions de démarrage détermine l'orientation que prendront les échanges. Une question introduite par « Pourquoi ? » et une autre consistant à demander « Quel est le problème ? » n'amènent pas le même type de réponses. Les questions de démarrage sont en général des questions ouvertes, couvrant tous les aspects éventuels d'un diagnostic : « Que se passe-t-il dans le cas qui nous occupe ? » ; « Quels sont les choix du décideur ? » ; « Quel est le problème ? » Pour amener les participants à émettre un jugement sur la situation et non pas seulement à la décrire, le formateur peut poser des questions indirectes telles que les suivantes : « Croyez-vous que cette entreprise est en bonne santé ? » ; « Pourquoi, d'après vous, le directeur ou telle autre personne fait-il face à ce problème ? »

La *troisième étape* est celle de l'étude du cas proprement dite. Elle suit généralement le modèle connu du processus de résolution de problèmes et comporte le plus souvent quatre étapes :

- la définition du problème ou l'analyse de la situation ;

- la recherche des options ;

- la formulation de recommandations visant des actions précises ;

- l'application.

Ce modèle est présenté dans le chapitre 2.

Chacune de ces étapes peut prendre plus ou moins de temps, selon la nature du cas et l'expérience des étudiants. Dans les discussions, il est rare que les participants suivent les étapes de façon stricte. Il revient au formateur d'orienter les échanges si les participants sautent une étape. Pour ménager une transition, le formateur peut faire le point sur la situation, résumer les opinions exprimées et poser des questions qui annoncent l'étape suivante. Il n'est pas obligatoire de faire toutes les étapes en classe et en un seul cours. Certaines peuvent faire l'objet d'un travail écrit ou de discussions en petits groupes.

La recherche des options est souvent l'opération préférée des étudiants, car elle leur donne l'impression d'être au cœur de l'action. À cette étape, le participant apprend à construire son argumentation, à revenir aux faits dégagés à l'étape précédente ou à mettre à profit les notions acquises. Cette étape est stimulante pour les esprits créateurs. Les options envisagées doivent évidemment se rapporter au problème. Il est préférable de limiter le nombre d'options.

Les discussions doivent normalement déboucher sur le choix d'une action et être suivies de recommandations concernant l'application de l'option retenue. Cette opération exige des participants qu'ils aient une bonne connaissance du milieu concerné. Une bonne évaluation des inconvénients liés à chacune des options constitue déjà en soi un riche apprentissage.

Enfin, il est important de savoir comment clore une discussion. Selon le modèle classique, le formateur résume les différents points de vue, désigne l'analyse qui lui paraît le mieux rendre compte de la situation et la met en relation avec la théorie.

La *quatrième étape* de l'animation du cas correspond au transfert d'apprentissage et sert à vérifier si les objectifs ont été atteints. Qu'a-t-on appris? Quels apprentissages ont été réalisés? En demandant aux participants d'indiquer un élément des discussions qu'ils ont retenu, on les aidera à préciser les apprentissages, et ils s'en souviendront plus facilement par la suite. Ils pourront dès lors les appliquer à d'autres cas ou à leur réalité de travail. Le transfert des apprentissages est un des éléments essentiels de la méthode des cas. Il constitue une étape absolument indispensable.

B. Les conditions d'une bonne animation

Le succès de l'animation repose sur la capacité du formateur à amener les participants à s'exprimer librement dans le respect des autres. Par une série de questions précises, il s'agit de faire découvrir à l'interlocuteur ses propres vérités. Le formateur peut donner la parole aux participants, soit en posant une question directe, soit en se faisant l'avocat du diable, soit en demandant à un participant de jouer ce rôle. Il peut aussi formuler une nouvelle hypothèse qui conduira les intéressés à reconsidérer les données du problème.

Il est essentiel de classer l'information recueillie lors des échanges. Le classement aide les participants à mettre de l'ordre dans leurs idées. Le formateur, de son côté, prend soin d'organiser ses notes de façon à pouvoir faire un résumé exact. Il doit donner l'impression que le modèle se construit « avec » le groupe.

L'animateur doit savoir écouter, être capable de lire entre les lignes ou de deviner par intuition les pensées des participants. Son écoute est nécessairement sélective, car il concentre son attention sur la réalisation de ses objectifs. Si elle est attentive, il peut s'établir une belle synergie entre le formateur et le groupe, et en découler de belles découvertes.

Au cours de la discussion, outre les questions, le *feedback* et la reformulation restent des formes d'intervention privilégiées du formateur. Elles permettent souvent au formateur de vérifier s'il a compris l'opinion ou l'idée émise par un participant, de développer les idées d'une personne peu loquace ou s'exprimant difficilement ou de faire le lien entre une opinion exprimée et la théorie.

Le formateur peut faire acte d'autorité au cours de l'animation, mais sans aller jusqu'à bâillonner ou intimider le groupe. S'ils ont le sentiment d'être jugés, les participants craindront de s'exprimer, ce qui aura pour effet d'appauvrir la discussion. L'expérience personnelle d'un ex-étudiant de Harvard, où la méthode est comparée à un évangile, montre les effets subtils de l'évaluation (Cohen, 1974). Ce serait faire l'autruche que de ne pas envisager les effets possibles d'une application rigide de la méthode où il y aurait peu d'espace pour les opinions originales. Le fait de permettre les erreurs et d'encourager la participation et la créativité influe sur le climat de la classe. Si la maïeutique est associée à un accouchement, l'apprentissage, en revanche, n'est pas nécessairement douloureux. Il peut y avoir débat d'idées sans qu'il y ait conflit. L'humour peut aussi avoir sa place.

Le succès ou l'échec de l'animation est dû bien souvent à l'attitude du formateur. La confiance et le respect qu'il manifeste envers le groupe font parfois toute la différence. Un bon formateur est capable de faire son examen de conscience sur cet aspect en toute humilité.

L'animation est l'étape essentielle de la méthode des cas. Elle diffère grandement d'approches telles que les lectures et les présentations devant la classe ou les expériences de laboratoire. Sans l'animation, le cas est dénué d'intérêt. Elle fait la différence entre l'instrument et la méthode. L'animation permet aux participants :

- d'être actifs au cours du processus d'apprentissage ;

- de faire l'expérience de la coopération ;

- d'acquérir la capacité de résoudre des problèmes ainsi qu'une attitude critique ;

- d'améliorer l'estime de soi ;

- de mieux définir leurs croyances et leurs valeurs ;

- de se motiver davantage pour les apprentissages futurs.

L'animation est d'abord et avant tout une question de style. Pour déterminer quel est le style qui convient le plus à sa personnalité, Christensen et ses collaborateurs (1991) conseillent d'aller observer des experts dans l'application de la méthode. Ils rappellent que l'objet de l'observation est le processus et non le contenu. Ils recommandent en particulier d'observer des éléments concrets tels que la manière d'utiliser le tableau ou la manière dont les informations fournies par les participants sont groupées (le plus souvent de façon à faciliter le *feedback* et le rattachement à la théorie).

Il importe que l'animateur soit conscient du rôle qu'il joue et de l'influence qu'il a sur la dynamique du groupe. Il n'est pas toujours facile de reconnaître ses faiblesses. Le fait de connaître ses habitudes et ses schèmes de comportement lui permettra de ne pas rejeter immédiatement une faute sur le groupe. Il sera plus efficace si le style qu'il utilise convient à sa personnalité.

3.3 **Le suivi**

Le suivi a rapport aux différents aspects de l'évaluation. La méthode était-elle appropriée ? Était-ce un bon cas ? Les objectifs ont-ils été atteints ? L'animation a-t-elle été adéquate ? Comment peut-on qualifier la participation ? Est-ce que le cas favorisait l'apprentissage autant qu'on le croyait ? Les idées émises avaient-elles un lien avec les notions enseignées ?

La question de la notation est complexe. Les objectifs poursuivis avec la méthode des cas ont généralement rapport avec une évaluation formative liée à l'acquisition de compétences. Or, la plupart des enseignants, par exemple, ont l'habitude ou sont obligés de faire des évaluations sommatives, dans lesquelles les notes sont exprimées au moyen de chiffres. Avec la méthode des cas, ils sont confrontés à deux systèmes d'évaluation : la mise en parallèle du rendement avec les objectifs poursuivis et la notation des participants. Les deux systèmes peuvent être liés entre eux. Il peut arriver que le rendement des participants laisse à désirer, à cause de la pauvreté de l'animation. Doit-on alors pénaliser les participants?

L'évaluation est une forme de rétroaction ou *feedback* portant sur l'atteinte des objectifs. Comme tout *feedback,* elle permet au récepteur de réajuster son comportement en conséquence. Malheureusement, les règles qui président à l'évaluation sont souvent non précisées. Les participants ne savent pas vraiment ce que signifie « participer ». Indiquer clairement quels sont les critères d'évaluation, c'est respecter le participant. Contrairement à ce que l'on pourrait penser, on empêche ainsi les négociations de notes. Les commentaires faits sur les rapports écrits ou la révision effectuée subséquemment permettent au participant d'évaluer son habileté à analyser, à faire des diagnostics ou à trouver des solutions liées aux notions qui faisaient l'objet du cours.

L'évaluation fondée sur la participation, en milieu scolaire ou en entreprise, tient compte de la dynamique du groupe (p. ex., évaluation du leadership ou de la capacité à exprimer son opinion clairement et au moment opportun). Elle n'est pas facilement mesurable. Un formateur peut vouloir souligner le progrès d'un participant qui, objectivement, n'est pas très actif. La participation distingue la méthode des cas de l'approche magistrale. À notre avis, elle doit être encouragée, mais pas nécessairement évaluée.

L'évaluation peut aussi porter sur l'assimilation des notions. L'examen traditionnel convient très bien pour ce faire.

Enfin, il reste l'autoévaluation du formateur. La réflexion suivante, formulée par une équipe de l'Université York, indique bien l'esprit dans lequel cette évaluation doit se faire :

> Si vous portez attention à la façon dont les étudiants apprennent plutôt qu'à votre façon d'enseigner, vous vous apercevrez peu à peu que vous êtes capable d'enseigner à un nombre de plus en plus grand d'étudiants. (Center for the Support of Teaching, 1989-1998.)

3.4 **Conclusion**

La méthode des cas est une approche pédagogique très riche et très exigeante pour un formateur. Sur le plan du contenu, celui-ci doit connaître les concepts, les principes et les théories. Il doit composer de façon stratégique avec des éléments dynamiques venant des participants. Il doit fonctionner avec les ressources du groupe, les utiliser comme un levier. L'usage de cette approche basée sur la participation exige du formateur qu'il soit un bon animateur, un expert du processus autant que de la matière, qu'il ait suffisamment d'assurance pour pouvoir travailler dans un climat d'incertitude. Une condition essentielle à la réussite : considérer les participants comme des personnes-ressources.

CHAPITRE 4

La rédaction des cas en gestion : pourquoi et comment ?

L'ambition des livres, c'est d'être lus.
Moi aussi je l'ai cru longtemps.

Bernard Pivot, *La Bibliothèque idéale*

L'ambition des cas, c'est d'être discutés.
Moi aussi je l'ai cru longtemps.

Paul Dell'Aniello

4.1 Introduction

4.1.1 Qui devrait lire ce chapitre ?

À première vue, ce chapitre semble plutôt s'adresser à des professeurs et à des formateurs qu'à des étudiants, et pourtant il mérite plus… La méthode des cas aura bientôt 100 ans et, malgré son grand âge, elle est toujours alerte et pleine de pétulance. De nombreux utilisateurs de cette méthode pédagogique ont réussi à lui donner une nouvelle allure, un *new look* (voir le tableau 4.1). On la retrouve maintenant partout et non seulement dans les cours de maîtrise en administration des affaires, un type d'enseignement en gestion offert par la Harvard Business School (HBS) depuis près d'un siècle.

Selon l'expérience vécue par les trois auteurs sur le terrain, il arrive de plus en plus fréquemment que des étudiants ou des participants à des sessions de formation en gestion aient à rédiger des textes qui traitent de cas assez traditionnels.

Voici des extraits de courriels glanés sur un site de discussion (actuellement fermé, malheureusement) consacré à la méthode des cas et mis en place par la HBS à l'intention des professeurs qui désiraient améliorer leur façon d'utiliser des cas :

- *Quelqu'un peut-il m'aider, s'il vous plaît ? J'aimerais demander à mes étudiants de préparer des cas dans le cadre des cours qu'ils suivent. Quelles sont les règles du jeu ?*

| **Tableau 4.1** | **Quelques exemples de la méthode des cas *new look*** |

- Concours de rédaction de cas institué à l'intention des étudiants avec la possibilité dans certains cas de gagner des prix. Pensons par exemple à l'activité organisée par l'Ordre des comptables agréés du Québec pour ses étudiants du programme de formation professionnelle.
- Voir le site http://pfp.ocaq.qc.ca/fr/
- Concours internationaux interuniversitaires de *case competition*, comme celui qui se tient à l'Université Concordia depuis 1982.
- Sites Web dédiés à la diffusion d'information, de textes pédagogiques et de cas à l'intention des enseignants (p. ex., celui de la Harvard Business School Publishing, dont nous reparlerons plus loin).
- Association internationale de rédacteurs et d'utilisateurs de cas, comme la World Association for Case Method Research and Application (WACRA), qui tient des assises annuelles et qui se déplace un peu partout dans le monde.
- Utilisation de plus en plus poussée de l'ordinateur en classe, souvent en ligne, pour la discussion de cas d'entreprises.
- Il existe beaucoup d'autres nouveaux aspects de l'utilisation de la méthode des cas en gestion.

- *Je demande à mes étudiants de rédiger un texte n'excédant pas 8 à 10 pages et aussi de faire une analyse écrite de ce cas, analyse également limitée à une dizaine de pages.*
- *Mon approche est la suivante :*
  - *Les étudiants sont regroupés en équipes.*
  - *Je leur fournis un texte qui suit le cadre défini par la HBS pour la rédaction de cas.*
  - *Chaque équipe me remet un cas.*

Ces quelques exemples montrent bien que, depuis quelques années, la rédaction de cas de gestion n'est plus réservée uniquement aux professeurs. Elle est en fait devenue un élément de formation très répandu, de sorte que même les étudiants doivent acquérir des notions de base concernant les techniques de rédaction de cas.

4.1.2 **L'objectif du présent chapitre**

Notre objectif est d'aider tous les utilisateurs de cette méthode — animateurs en milieu scolaire ou en entreprise, professeurs et étudiants — à développer leur habileté dans un genre d'écrit très particulier. Un bon cas est un peu le *miroir* d'une réalité vécue qui est examinée et discutée par des personnes désireuses de comprendre un aspect particulier de la gestion. Ce chapitre vise, bien sûr, à aider les rédacteurs de cas à produire des textes plus efficaces, mais aussi à amener les étudiants et les gens d'affaires en formation à regarder aussi de *l'autre côté du miroir* afin de mieux saisir la façon dont un cas est organisé.

Napoléon disait que le temps passé à reconnaître le terrain était très précieux. La lecture de ce chapitre aidera en ce sens ceux qui doivent étudier et discuter des cas plutôt qu'en rédiger. Si on comprend la structure du cas, l'agencement de ses différentes parties, on peut arriver à poser un bon diagnostic, à décrire avec précision l'environnement du cas et à savoir comment le traiter.

Gardons quand même à l'esprit que, dans plusieurs cours de maîtrise en administration des affaires du style *Executive MBA* et même dans ceux du baccalauréat en administration des affaires, on demande de plus en plus aux étudiants de rédiger, soit individuellement, soit en équipe, des travaux qui s'apparentent à des plans d'affaires, à des diagnostics et, par conséquent, qui ressemblent à des cas de gestion. Pensons, par exemple, à des cours d'entrepreneurship ou de stratégie, à des projets de fin d'études, à des activités de synthèse.

Dans le monde des affaires, on n'échappe pas à l'obligation de présenter un plan d'affaires à un banquier ou à des investisseurs potentiels. On sera en position de force si on est capable de rédiger un bon cas d'entreprise et de présenter un plan d'affaires efficace. Il se peut d'ailleurs que certains formateurs, consultants, banquiers ou responsables de développement économique soient appelés à lire et à analyser régulièrement des cas d'entreprises.

Ce genre d'écrit impose un style très particulier, et il convient d'en connaître les règles pour pouvoir apprécier un cas bien présenté et rédiger des cas et des plans de qualité.

Voyons ce que dit un expert en enseignement de la gestion au sujet de la méthode des cas. Le professeur James Culliton (1973) indique dans les premières lignes de son ouvrage intitulé *Handbook on Case Writing* : « Écrire un article ou donner un exposé sur la méthode des cas m'a toujours semblé un paradoxe. Préparer un manuel qui expose comment écrire des cas est encore plus paradoxal. »

Culliton estime qu'il est plus approprié d'*apprendre à écrire des cas en écrivant* qu'en lisant un manuel ayant pour but d'enseigner comment les rédiger. Le présent chapitre vise à illustrer le proverbe bien connu : « C'est en forgeant que l'on devient forgeron. » Il n'est pas question ici de donner une recette infaillible de rédaction. Tout au plus pourrons-nous fournir quelques lignes directrices que se sont données des professeurs qui, soucieux comme nous de mieux utiliser cette méthode d'enseignement de la gestion, ont consenti à faire des efforts pour rédiger de nouveaux cas plutôt que de se contenter de puiser dans des banques de cas déjà testés en classe.

4.2 **Pourquoi écrire de nouveaux cas en gestion ?**

4.2.1 **Une question de principe**

Depuis que l'on enseigne la gestion, c'est-à-dire depuis le début du XXe siècle, on s'est toujours demandé quelle était la méthode la mieux appropriée à une discipline qui tantôt est vue comme une science et tantôt plutôt comme un art. Certaines universités ont fait des choix en fonction de leur conception de la gestion et ont orienté leurs activités pédagogiques et le style de leur recherche dans une direction précise. C'est le cas de la HBS, qui, de façon délibérée, a opté pour un enseignement reposant sur la discussion en classe de situations réelles vécues en entreprise.

Cette orientation pédagogique suppose que les professeurs se départent de leur rôle d'experts et adoptent un style d'enseignement faisant appel à la participation des étudiants, à la discussion, à l'analyse et à la prise de décision. Elle exige qu'on présente aux étudiants des situations plausibles qui les intéressent suffisamment pour qu'ils en viennent à prendre en main leur apprentissage.

La HBS a donc mobilisé des ressources humaines et financières considérables pour mettre sur pied un programme qui s'accordait mal avec les pratiques traditionnelles comme l'enseignement et la recherche pure, lesquels constituent encore de nos jours les tâches essentielles d'un professeur d'université. On sait l'importance qui est accordée, dans les universités nord-américaines, à la publication des résultats des travaux de recherche dans des revues spécialisées. *Publish or perish* : telle est l'alternative implacable devant laquelle tout professeur d'université non titulaire est placé.

Comme on voulait que les étudiants discutent des cas et de gestion, il a bien fallu se mettre à en rédiger. On en a écrit énormément depuis plus de 90 ans, non seulement à la HBS, mais aussi dans beaucoup d'universités et de centres de formation situés ailleurs aux États-Unis ainsi qu'au Canada et en Europe.

4.2.2 **Pourquoi vaut-il la peine de continuer à écrire des cas ?**

En 1972, l'Intercollegiate Case Clearing House, mise sur pied par la HBS, avait déjà catalogué plus de 8 000 cas, et la liste ne faisait pas état des milliers de cas traduits ou adaptés. Aujourd'hui, en tenant compte du renouvellement du stock et de la suppression des cas devenus désuets, on a accès à une dizaine de milliers de cas — en anglais surtout, mais aussi en français et dans plusieurs autres langues. On peut donc maintenant se demander s'il est vraiment nécessaire de continuer à rédiger des cas puisque, dans chacune des branches de la gestion, on dispose d'une immense collection de cas.

On continuera à écrire des cas tout comme on continuera à écrire des romans parce que la société évolue et que personne n'a rien dit et ne dira probablement jamais rien de définitif ni sur la vie des individus ni sur celle des entreprises. Leenders et Erskine (1978) nous disent dans *The Case Writing Process* que des nouveaux cas sont aussi importants pour la méthode des cas que du sang neuf l'est pour la Croix-Rouge. Il faut sans cesse renouveler la banque de cas (voir le tableau 4.2).

Une autre raison qui explique le besoin de nouveaux cas est le vieillissement pur et simple des situations décrites dans certains cas publiés. Il est tout à fait normal qu'un participant s'intéresse peu à un cas qui parle, par exemple, d'un salaire annuel de 4 000 $ pour un P.-D.G., de la voiture Edsel, d'une économie de guerre froide, ou d'un travail à faire à la machine à écrire (voir le tableau 4.3).

Tableau 4.2 | **Pourquoi nous devons rédiger de nouveaux cas**

La rédaction de nouveaux cas s'impose, car se présentent constamment :

- de nouveaux types de problèmes (informatisation, mondialisation, etc.) ;
- de nouvelles théories (gestion à la japonaise, comptabilité sociale, etc.) ;
- de nouveaux sujets d'étude (entreprises transnationales, franchisage, etc.) ;
- de nouveaux phénomènes sociaux (les *baby boomers,* l'éclatement de la famille, etc.) ;
- des changements historiques et politiques d'importance (p. ex., la montée de la Chine comme puissance et les difficultés économiques de la Russie) ;
- des changements de rôles chez les divers agents économiques (les syndicats, les investisseurs, les femmes au travail, l'État entrepreneur, etc.).

Tableau 4.3	**Que recherche l'étudiant ?**

La population étudiante traditionnelle en milieu universitaire et collégial, tout comme celle qui s'inscrit à nos cours de formation s'adressant aux hommes et aux femmes d'affaires, exige :

- du matériel pédagogique à la fine pointe du progrès,
  - qui lui donne l'envie de participer, de mieux se connaître,
  - qui lui fasse voir que la matière étudiée en classe reflète la réalité vécue aujourd'hui dans le monde des affaires.

Les animateurs qui font usage de cette méthode de formation se sentent plus à l'aise en classe ; le matériel pédagogique qu'ils ont eu l'occasion de créer eux-mêmes leur procure un sentiment de sécurité. Les étudiants voient que le professeur s'intéresse à ses personnages. Cela les porte à accorder plus de crédibilité à la situation qu'on leur demande d'analyser.

Il est toujours possible de traduire des cas étrangers ou de les adapter au contexte québécois, mais rien ne remplace une situation qui évoque une réalité familière aux étudiants.

Le besoin d'avoir son propre matériel pédagogique est également essentiel dans les programmes de formation en gestion offerts à des personnes habitant d'autres pays. Au cours de nos expériences de formation au Sénégal, au Mexique, au Vietnam ou au Liban, nous avons été à même de constater combien, en raison des grandes différences de culture, il est difficile de discuter d'un cas faisant appel à des principes essentiels en marketing ou à la notion de profit, ou bien faisant référence au rôle du contremaître, car de telles réalités sont loin d'être familières aux entreprises de ces pays. L'expérience nous a montré qu'il était nécessaire de continuer à rédiger des cas.

De plus, des personnes, par ailleurs habiles dans la rédaction de travaux scientifiques, peuvent avoir de la difficulté à produire, à partir d'un cas, du matériel pédagogique de qualité acceptable. Un cas n'est ni un rapport d'autopsie, ni une monographie, ni surtout un *document à classer dans un fichier*.

Dans la section qui suit, nous énoncerons un certain nombre de règles de rédaction. Ces règles sont conçues de manière à faciliter le traitement de l'aspect technique et à hâter le passage à l'action.

4.3 **Comment écrire de bons cas en gestion**

Avant de traiter de la rédaction en tant que telle, examinons brièvement le processus entourant la rédaction. Le tableau 4.4 s'inspire de *25 Questions to Ask as You Begin to Develop a Case Study* (Harvard Business School, 1990). Un peu plus loin, nous vous indiquerons comment chercher dans la très vaste bibliothèque de la HBS ce document ainsi que quantité d'autres documents gratuits traitant de la méthode des cas en général et de la rédaction de cas en particulier.

Tableau 4.4 **Les questions à se poser avant de rédiger un cas**

- Quelle place occupera ce cas dans le plan de cours ? Qu'est-ce qui le précède et qui le suit ?
- Dans quel programme ce cas sera-t-il utilisé : maîtrise en administration des affaires, baccalauréat, formation permanente, formation en entreprise ?
- Quel type de cas s'agit-il de rédiger : évaluation d'une décision, examen de différentes options possibles, étude d'un problème précis ?
- Quels documents convient-il d'utiliser : états financiers, notes de cours, publications d'entreprises, documents audiovisuels ?
- Quelle quantité d'information le cas fournira-t-il ?
- Le cas comportera-t-il du dialogue, des personnages, de la couleur locale, de la controverse ?
- Le cas tourne-t-il autour d'une personne ?
- Les diverses sections du cas sont-elles bien définies : introduction, description du contexte, histoire du cas, mise en situation ?
- Combien de pages le travail fera-t-il ? (Éviter la prolixité !)
- Faudra-t-il tester le cas en classe et demander l'opinion des étudiants ?

Dans les paragraphes qui suivent, nous définissons les règles qui président à la rédaction de cas. Nous examinerons pour ce faire les trois points suivants :

1. Qui rédige des cas ?

2. Quelles sont les situations pouvant fournir matière à un cas ?

3. Comment rédige-t-on un cas ?

4.3.1 **Qui rédige des cas ?**

La rédaction de cas n'est pas réservée aux professeurs. Nous avons insisté depuis le début sur la nouvelle tendance qui consiste à faire rédiger des cas par des étudiants. Il demeure que la majorité des cas utilisés dans les écoles de gestion ont été rédigés ou du moins préparés par des assistants de recherche travaillant sous la direction de professeurs spécialisés dans l'une ou l'autre branche de la gestion.

Voici comment se déroule habituellement la création d'un nouveau cas :

- un professeur sent le *besoin* d'illustrer par un cas une notion ou une situation ;
- une personne-ressource signale à son attention une *situation sur le terrain* ;
- le professeur ou, le plus souvent, son assistant, *recueille les données* essentielles ;
  - l'assistant réalise les *entrevues* ;
  - il rédige une *première version* et la soumet au professeur responsable ;
- la première version du cas est *testée* en classe ;
  - des *corrections* sont apportées, de façon à rendre le cas utilisable et même publiable ;
- la *permission* d'utiliser le cas est accordée par l'entreprise ;
  - des notes de cours destinées à faciliter l'utilisation et la diffusion du cas sont préparées.

La répartition du travail entre le professeur et son assistant varie selon les ressources dont ils disposent et selon leurs compétences respectives. À la différence de la HBS et de l'Université Western, très peu d'universités canadiennes peuvent se permettre d'avoir des équipes ou des assistants de recherche s'occupant uniquement de la rédaction de cas. Dans la plupart des universités québécoises, ce sont les professeurs eux-mêmes qui se chargent des travaux préliminaires à la rédaction des cas.

Le rédacteur, tel un reporter, présente le plus objectivement possible une situation observée et s'abstient de toute interprétation. Ce n'est pas une tâche facile. Il doit se montrer habile dans la collecte des données, être capable de faire une synthèse et, surtout, pouvoir adapter son écriture en fonction d'un groupe de personnes précis. Son texte doit non seulement être bien écrit, mais aussi rejoindre un public donné et permettre une bonne discussion en classe.

Le rédacteur doit pouvoir déterminer les objectifs visés par le professeur lorsqu'il utilisera ce cas (niveau du cours, taille du groupe, place dans le plan de cours). Le professeur et le rédacteur seront en contact étroit tout au long du processus.

4.3.2 **Quelles sont les situations pouvant fournir matière à un cas?**

Le cas a ordinairement pour origine un besoin ressenti par le professeur dans le contexte de son enseignement. Ce dernier désigne des situations qui peuvent fournir de la matière pour un cas. La recherche de ces situations se fait par l'intermédiaire de relations ou par la lecture de rapports de consultation.

C'est seulement dans la réalité concrète et actuelle qu'il est possible de trouver la matière servant à l'écriture de nouveaux cas. Lorsque le rédacteur ne s'appuie pas constamment sur les faits réels, il s'expose à disserter à vide sur le sujet.

Les *armchair cases*, c'est-à-dire les cas qui sont conçus sans quitter le fauteuil, donc qui mêlent le vécu et l'imaginaire, ne constituent pas des cas à proprement parler.

> *Un bon cas doit ressembler davantage à une photographie qu'à un tableau impressionniste.*

À l'occasion, on peut préparer un cas *armchair* pour des raisons d'économie. Mais il est tout de même préférable de se fonder constamment sur les faits.

Les professionnels de la gestion, les consultants, les gens du domaine bancaire, les responsables du développement économique, les relations d'affaires de l'enseignant, les diplômés, le personnel de l'université, etc., peuvent suggérer de nouveaux cas.

Plus le rédacteur a des activités diversifiées, plus il a de chances de rencontrer des personnes susceptibles de lui présenter des situations pouvant constituer de nouveaux cas. Un professeur qui, par exemple, enseigne au niveau de la maîtrise en administration des affaires et donne des cours de formation à des gens d'affaires aura souvent l'embarras du choix.

Le rédacteur peut avoir deux attitudes:

* *une attitude passive:* il attend que les occasions se présentent d'elles-mêmes pour rédiger de nouveaux cas;

* *une attitude proactive:* on prend en compte les besoins pédagogiques et on recherche des situations qui peuvent y répondre.

En général, comme la plupart des établissements universitaires n'ont pas d'équipes permanentes de rédacteurs et de recherchistes, on tend à privilégier la seconde attitude.

En somme, le professeur qui applique souvent la méthode des cas dans son enseignement trouvera des moyens de faire savoir à son entourage (p. ex., le milieu des affaires et le milieu universitaire) qu'il est toujours à la recherche de situations servant à la conception de nouveaux cas.

4.3.3 Comment rédige-t-on un cas ?

Il est bon de se rappeler que *personne ne se contentera de lire un cas.*

On voudra le discuter et, surtout, on voudra que la discussion soit fructueuse. Pour qu'il en soit ainsi, un cas doit satisfaire à des critères précis.

Un cas doit avoir les qualités suivantes :

- *exactitude des faits retenus ;*
- *objectivité dans le traitement des faits et des données ;*
- *clarté du style ;*
- *ordre logique dans la description des faits ;*
- *sensibilité à l'égard des personnes.*

A. Un style adapté au sujet

Un cas relève d'un genre particulier ; il se distingue de la plupart des autres textes que les lecteurs, en général, et les étudiants en administration en particulier, lisent. En effet, un cas n'est pas destiné uniquement à être lu, contrairement, par exemple, aux articles scientifiques et aux manuels scolaires.

*Un cas de gestion remplit son rôle seulement **après qu'il a été lu.***

Le rédacteur écrit un texte qui fournira matière à discussion à un groupe de personnes *désireuses de se familiariser davantage avec certaines notions de gestion.*

Cela dit, un bon cas raconte souvent une histoire intéressante et présente au lecteur non seulement des données chiffrées, mais aussi les faits et gestes d'un certain nombre de personnes. Mais attention !

- *Le cas **ne doit pas ressembler à un roman** et encore moins à un roman policier;*
- *l'intrigue **doit être reléguée au second plan,** de même que la recherche du coupable qui aurait pris une mauvaise décision.*

Un cas est plus qu'un reportage où on relate les principaux faits entourant une situation ou une crise. Un bon cas doit non seulement décrire, mais également fournir matière à la discussion et favoriser l'apprentissage.

Un bon cas doit être véridique, c'est-à-dire qu'il doit rapporter le plus fidèlement possible les événements vécus par les acteurs. Cela implique que, dans le texte, il est parfois nécessaire d'introduire des données qui paraîtraient sans doute inutiles ou contradictoires aux yeux d'un journaliste, mais qui sont le reflet des idées des preneurs de décisions. C'est aux lecteurs, et non au rédacteur, qu'il revient de séparer l'essentiel de l'accessoire. Toutefois, il ne faut pas encombrer le texte de détails oiseux, car ce qui ne sert pas à la discussion du cas est toujours de trop.

Un cas n'est pas non plus un essai scientifique, une monographie ou une description s'appuyant uniquement sur des données économiques ou techniques. La gestion repose sur la prise de décision, et son enseignement, basé sur l'étude de cas, concerne l'art de se comporter dans un contexte décisionnel. L'objet du cas sera autant que possible un événement à propos duquel une décision doit être prise. Il importe que le cas décrive une situation vécue qui rentre, en général, dans l'une des trois catégories suivantes :

- *Appréciation d'une décision qui a été prise*

  Mme Roy a décidé de lancer une entreprise de traiteur à Iberville. En vous fondant sur les données qui ont été recueillies, diriez-vous qu'elle a pris une bonne décision ?

- *Analyse d'un problème et proposition de quelques solutions*

  Mme Roy voudrait bien se lancer en affaires. Elle se demande si elle a plus de chances de réussir dans la restauration, dans la vente de vêtements pour enfants ou dans un autre type de commerce. En vous basant sur les données du cas, que lui conseilleriez-vous ?

- *Analyse d'une situation et détermination de la nature du problème qu'elle comporte*

  Mme Roy est propriétaire d'une boutique de vêtements pour enfants. La faible augmentation du chiffre des ventes au cours des six derniers mois de 2004 l'inquiète. « Ai-je raison de me faire du souci ? » vous demande-t-elle.

Le rapport de cas s'adresse à un public qui présente certaines particularités. Par exemple, ce public dispose de peu de temps pour étudier le cas et en discuter en groupe. Il faut par conséquent respecter certaines contraintes relativement au style à adopter dans un cas précis. La concision du texte représente l'une des principales contraintes. Nous reviendrons sur la question du style un peu plus loin.

Le rédacteur a souvent de la difficulté à admettre que les cas seront lus par des personnes différentes de lui. Un cas doit parfois être conçu pour des profanes et non pour des chercheurs. Le public non spécialiste s'attend à ce qu'on lui présente une reproduction simple et fidèle de la vie quotidienne. Le rédacteur recherchera donc des éléments de nature à familiariser le public avec certains concepts ou processus nécessaires pour bien comprendre la gestion.

B. Les contraintes liées à la rédaction de cas

Chaque cas sert à la formation d'une population bien définie. Par exemple, un professeur d'entrepreneurship enseignant au programme du baccalauréat désire illustrer un problème ayant rapport avec le lancement d'une PME. Il doit utiliser un style et un niveau de langage adaptés au sujet. Il concevra des types de cas convenant à la matière enseignée (p. ex. : la finance, le marketing, la stratégie) ou à son auditoire (p. ex. : des gens d'affaires, des étudiants de la maîtrise en administration des affaires et du baccalauréat en sciences comptables). Le rédacteur s'attachera donc à choisir un type de cas qui répond aux besoins du public visé. Ainsi, les cas portant sur la stratégie sont, en général, plutôt longs (30 pages et plus) ; les cas relatifs à la finance sont assez courts et comportent davantage de tableaux chiffrés ; enfin, les cas sur l'entrepreneurship contiennent des dialogues.

Le degré de difficulté du cas influe sur le travail du rédacteur. On distingue trois degrés d'abstraction correspondant aux trois catégories d'analyse dont nous venons de parler :

- *La présentation de la décision et la discussion*

  - Voici un exemple de question servant à amorcer la discussion : « Que pensez-vous de la décision de M. Lamontagne de créer une nouvelle gamme de produits ? »

- *Le choix à opérer entre diverses solutions*
  - Dans ce cas, la question qui sert à lancer la discussion ressemble à celle-ci : « À votre avis, M. Lamontagne devrait-il ajouter des meubles de cuisine à son assortiment de meubles de chambre à coucher, ou élargir plutôt sa gamme de meubles de chambre à coucher ? »
- *La difficulté de cerner la nature du problème*
  - La question qu'il s'agit de se poser est assez subtile. Elle ne doit pas orienter la discussion vers des pistes d'analyse précises. On se sert d'une question neutre pour entamer la discussion. Par exemple : « Que pensez-vous de cette entreprise ? Aimeriez-vous en être actionnaire ? Quel en est l'état de santé ? »

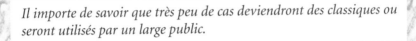

Il importe de savoir que très peu de cas deviendront des classiques ou seront utilisés par un large public.

En fait, la majorité des nouveaux cas ont une vie très courte et leur audience ne va pas au-delà de l'entourage immédiat des enseignants qui les ont conçus. Quelques cas seulement seront publiés et auront une certaine notoriété et une certaine longévité.

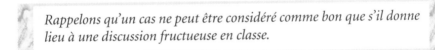

Rappelons qu'un cas ne peut être considéré comme bon que s'il donne lieu à une discussion fructueuse en classe.

Cette dernière contrainte est la plus importante de toutes. C'est le seul test valable. Certains individus perfectionnistes, habitués à présenter des travaux scientifiques dans des revues de haut calibre, aiment remettre leur travail vingt fois sur le métier. Ces gens risquent de se sentir mal à l'aise avec cette manière de procéder. Il serait assurément vain de passer plusieurs années à rédiger le cas qui fera oublier tous les autres.

C. Les étapes de la rédaction du cas

La figure 4.1 décrit les différentes étapes de la rédaction d'un cas à partir du moment où l'on en a eu l'idée.

Si on a fait le choix de rédiger un cas qui reproduit fidèlement des faits et des événements de la vie courante et d'écarter les *armchair cases,* on aura avantage à suivre certaines étapes pour pouvoir passer sans heurts de la conception à la réalisation. Selon les situations, chacune des étapes demandera plus ou moins de temps. Certaines actions peuvent être exécutées

Figure 4.1 **Les étapes de la rédaction d'un cas**

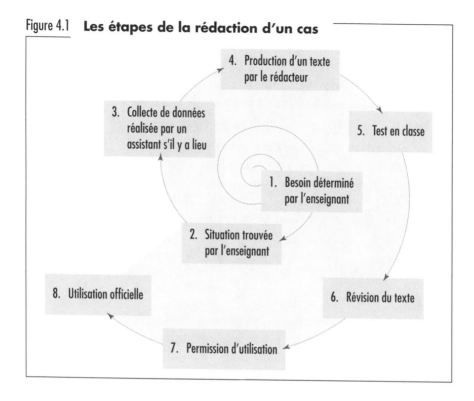

par l'enseignant lui-même, d'autres par un rédacteur professionnel — l'assistant de recherche, le cas échéant — ou un spécialiste (p. ex., le conseiller juridique de l'établissement).

Voici les principales étapes de la rédaction d'un cas depuis le moment où l'on a défini un besoin et trouvé une situation qui y correspond.

La collecte des données Pour que le cas soit le plus réaliste possible, il faut avoir soin de recueillir des données qui rendent fidèlement compte de la réalité. D'où l'importance d'avoir plusieurs sources de données. Souvent, on doit commencer par une collecte de données écrites sur l'entreprise (ses concurrents, son secteur d'activité et ses caractéristiques).

Les bibliothèques des collèges et des universités peuvent fournir généralement les documents nécessaires à la réalisation de cette première étape. Des périodiques tels que *Les Affaires, La Revue Commerce, Financial Post*, ou des entreprises spécialisées dans l'étude du crédit comme Standard & Poors sont autant de sources de renseignements utiles.

Le succès de la démarche dépend souvent de la qualité des relations qui s'établissent entre le rédacteur et les membres de l'entreprise. Ces relations doivent être empreintes de respect et de professionnalisme. Cette étape qui sert à la préparation d'un bon canevas d'entrevue fait économiser du temps à tous par la suite.

On peut se demander ce qui pousse des entreprises à s'engager dans ce processus. Les principales raisons sont les suivantes :

- la notoriété que cela leur accorde ;
- le désir éprouvé par les dirigeants de demeurer loyaux envers leur *alma mater*, où ils ont eu souvent à discuter des cas ;
- le désir de recevoir de l'aide de la part du professeur ;
- la possibilité de recruter des étudiants qui auront manifesté un certain intérêt pour l'entreprise.

La collecte de données sur le terrain se fait par le moyen d'entrevues qui sont, la plupart du temps, enregistrées. On ne peut s'improviser intervieweur, surtout dans une situation délicate où, par exemple, des personnes sont invitées à commenter les décisions de collègues ou de supérieurs.

Mener une entrevue est un art. La documentation sur le sujet abonde. Il importe de retenir avant tout que la confiance et la confidentialité sont essentielles. Le rédacteur doit toujours se conduire avec moralité et exposer franchement les buts de la rencontre.

Le rôle de l'intervieweur n'est ni de juger ni de conseiller. Pourtant, les personnes interviewées peuvent parfois avoir l'impression que les questions du rédacteur ont pour but d'évaluer leur performance. L'intervieweur doit dissiper cette impression et insister sur le fait qu'elles participent à une activité à caractère éducatif.

Les faits doivent être notés en toute objectivité ; ils ne doivent pas servir les buts personnels de l'enseignant. Il faut prendre garde de déformer la réalité.

L'utilisation de questions ouvertes, une attitude non directive, le souci d'objectivité et l'écoute attentive sont autant d'éléments pouvant assurer le succès d'une entrevue. Si l'intervieweur a déjà travaillé pour l'entreprise (p. ex., à titre de consultant), il peut lui être difficile de faire preuve d'objectivité, ce qui l'amènera à déformer inconsciemment les faits.

On obtiendra de bons résultats si l'on écarte des questions telles que la suivante : « Quel est le problème ? » Il faut plutôt s'en tenir aux faits : « Avez-vous participé au lancement du nouveau modèle ? » ; « Comment ce lancement s'est-il déroulé ? » ; « Êtes-vous satisfait ? »

On recommande d'adopter le procédé suivi par les agents d'assurances qui consiste à soutirer des renseignements supplémentaires des personnes interviewées.

La rédaction de la version préliminaire   Le choix du matériel est particulièrement délicat, car le rédacteur doit opérer des choix et faire appel à son expérience et à son jugement. Le rédacteur qui aura pris soin de bien franchir l'étape précédente aura amassé assez de matériel pour rédiger plusieurs cas. Il doit à la fois communiquer les informations essentielles et fournir de la matière pour la discussion.

Au moment de choisir son matériel, le rédacteur tient compte des besoins pédagogiques à combler, des aspects de la réalité que les entrevues ont mis en évidence, de la nécessité de rapporter tous les faits et de confronter les opinions.

Le rédacteur doit aussi garder à l'esprit les limites inhérentes au texte à produire, ce qui l'obligera à faire un tri parmi les renseignements recueillis. Il est parfois impossible de présenter dans un nombre réduit de pages toutes les données relatives à un sujet (p. ex., l'ouverture ou la faillite d'un commerce) de manière à pouvoir orienter tout de suite la discussion.

Le test en classe   Une fois la première ébauche terminée, le rédacteur la soumet à l'appréciation des étudiants ou des dirigeants de l'entreprise et recueille leurs commentaires.

Dans la plupart des cas, la première version doit être retravaillée. En général, elle est examinée par l'enseignant ou les dirigeants de l'entreprise avant d'être testée et évaluée en classe. Cet examen entraînera souvent des remaniements consistant à donner un reflet plus fidèle de la réalité et à rendre le texte plus vivant. Ainsi, s'ils sont intervenus à ce stade, les dirigeants seront en mesure de donner ou non leur accord concernant une utilisation du cas en classe ou une publication. Il est important de solliciter les commentaires des dirigeants rencontrés, surtout si leurs paroles sont citées dans le texte. Cela peut épargner bien des désagréments.

Au moment de la préparation de la deuxième version, on déterminera, conjointement avec les dirigeants de l'entreprise, s'il y a lieu de passer sous silence ou de cacher certains éléments. Il est parfois nécessaire, pour des raisons d'ordre moral ou juridique, ou encore pour les besoins d'une saine gestion, de changer le nom de l'entreprise et de certains de ses dirigeants, l'ordre de grandeur des chiffres, l'adresse d'une usine, etc. La prudence est de mise, car il peut se glisser des incongruités qui mineront la crédibilité du cas.

- *C'est à cette étape que, ayant pris l'avis de conseillers juridiques, le rédacteur demande à l'entreprise de lui accorder le droit d'utiliser le cas en classe ou de le publier.*

- *On passe à la rédaction finale uniquement si cette permission a été accordée en bonne et due forme. Sinon, on s'expose à des poursuites judiciaires.*

D. Les éléments susceptibles d'accroître l'intérêt

Un cas doit subir deux tests :

- pour amorcer le processus : il doit être lu ;

- pour fermer la boucle : il doit être discuté.

On exige davantage d'un cas que de n'importe quel autre genre de texte écrit. Pour subir avec succès ces deux tests, un cas doit susciter un intérêt constant et fournir matière à une discussion soutenue en classe.

Une enquête menée par les enseignants Bennett et Chakravarthy (1978), publiée dans le *Harvard Business Bulletin* et intitulée « What Awakens Student Interest in a Case ? », est souvent citée en exemple. Le rédacteur de cas qui veut parvenir à intéresser ses lecteurs devrait s'y référer.

*Selon notre expérience, **les étudiants estiment en général qu'un bon cas :***

- *raconte une **histoire** (et comporte donc un début, une intrigue et une sorte de dénouement) ;*

- *est **fidèle à la réalité** (un ouvrier ne parle pas comme un étudiant au doctorat) ;*

- *traite d'un problème revêtant une **certaine importance** (dont les conséquences ne sont pas anodines) ;*

- *rapporte des **propos des dirigeants et travailleurs de l'entreprise** (dans leurs propres mots) ;*

- *s'attache à **trouver des solutions** à des problèmes de gestion (nous ne sommes ni en psychanalyse ni en droit) ;*

- *présente **diverses solutions** (ayant des conséquences différentes) ;*

- *permet d'**acquérir des compétences** dans le domaine de la gestion.*

Des styles différents (p. ex. : narratif, logique) peuvent donner d'excellents résultats si, dès le départ, le problème a de l'intérêt. Le rédacteur doit adopter le style avec lequel il se sent le plus à l'aise. En général, le cas qu'il rédigera sera bon s'il suit quelques règles qui relèvent plus de la pédagogie que de la science.

Le style narratif, qui suit le fil des événements, se lit très bien, mais à certaines conditions. Même si les avis sont partagés sur ce point, le style narratif, sur le plan strictement grammatical, exige qu'on rapporte les faits et les événements au passé, comme dans l'exemple suivant : « Le président-directeur général de l'entreprise se demandait s'il devait congédier le directeur des ventes à la suite des mauvais résultats des deux derniers trimestres. »

Quand on utilise ce style, il faut éviter de se perdre en digressions et d'accumuler les détails, ce qui entraîne de la confusion et finit par lasser. On fera d'autant plus attention à la clarté de l'exposé si les entrevues ont permis d'amasser beaucoup de matériel : il arrive souvent, dans ce cas, que les intervenants ont rapporté des faits qui se recoupent et s'enchevêtrent. Le rédacteur, et non les étudiants, doit respecter l'ordre chronologique des faits. C'est à ce moment que se pose avec le plus d'acuité la question de l'objectivité.

L'insertion de dialogues peut également poser un problème. Peu de chercheurs ont des talents de romanciers, mais ils sont tout de même capables de relater un fait de manière compréhensible, surtout s'ils ont mené de bonnes entrevues et noté avec soin les propos des intervenants. Si l'on juge à propos de laisser parler les individus, il vaut mieux reproduire textuellement leurs paroles. Il faut éviter de faire parler un entrepreneur autodidacte ou un contremaître de chantier comme un universitaire. Cela sonnerait faux et pourrait entacher la crédibilité du texte. Il faut également éviter d'introduire, sans explications, des mots qui ne font pas partie de la langue ordinaire.

Le rédacteur a avantage à adopter le style des journalistes plutôt que celui des auteurs dramatiques. Cela ne signifie pas cependant qu'il faille écrire de façon tout à fait neutre. Un paragraphe qui retient l'attention rendra le cas moins rébarbatif.

> Deux employés morts dans l'explosion de l'usine ! François, qui occupait la fonction de P.-D.G. depuis la maladie de son père, se demandait comment il allait faire face aux journalistes qui l'attendaient impatiemment dans la salle de conférence. Comment leur expliquer que le drame était dû à une négligence de…

Plus la situation est complexe, plus il faut établir des divisions dans le texte afin de guider le lecteur. Comme nous le verrons dans la section suivante, ces divisions peuvent prendre diverses formes : ce sont tantôt des titres, tantôt des nouveaux paragraphes. C'est une façon parmi d'autres d'orienter discrètement les étudiants dans la lecture du texte.

Les cas relevant de la stratégie se prêtent moins bien au style narratif. On expose alors la situation, on décrit l'environnement externe et les fonctions de l'organisation. Seuls les dialogues des dirigeants seront permis et ils porteront sur la mission et la vision de l'entreprise plutôt que sur des événements ponctuels dans lesquels les personnages occupent des postes stratégiques ou d'exploitation.

Dans les domaines techniques comme ceux de la finance ou de la recherche opérationnelle, les données chiffrées occupent une place importante, tandis que, dans les cas portant sur la gestion des ressources humaines, les annexes composées de tableaux de chiffres conviennent moins bien. Il importe d'adapter son style au domaine et au sujet traités.

Il faut aussi avoir une idée assez précise du but recherché lorsqu'on rédige un cas. Le rédacteur de cas ne doit pas être obligé de changer les faits pour qu'ils s'adaptent aux besoins pédagogiques. Il faut tenir compte des aspects sur lesquels on insistera. Par exemple, si le cas doit servir à développer le jugement analytique des étudiants plutôt que le jugement synthétique, le rédacteur veillera à prendre le style qui convient et à choisir en conséquence les données qui sont rapportées dans le texte.

On présente de plus en plus de cas sous d'autres formes que l'écrit (p. ex., les documents audiovisuels). Il est vraisemblable de penser que la forme écrite — la plus pratique et la moins coûteuse — sera pour quelques années encore la formule la plus utilisée.

E. L'ordonnance du cas écrit

Le cas écrit doit comporter les éléments suivants :

- *un paragraphe d'**introduction**,*
- *un bref **historique** de l'entreprise,*
- *une description du **problème** et des **protagonistes**,*
- *un rappel de la **décision** prise ou à prendre,*
- *une mise en situation des étudiants, une définition des **rôles à jouer**,*
- *de courtes **précisions** sur l'industrie ou la technologie,*
- *des **annexes** et des **tableaux** liés au problème.*

Examinons quelques éléments essentiels.

Le premier paragraphe   C'est le paragraphe le plus important de tous. Il doit faire en sorte que l'étudiant entre dans le vif du sujet, en désignant la raison d'être du cas, l'entreprise étudiée ainsi que le rôle qu'elle aura à jouer. Voici des exemples de ce que peut contenir le premier paragraphe :

* *Un énoncé d'une personne qui travaille dans l'entreprise :*

  « Les choses ont bien changé depuis que nous avons décidé d'exploiter des franchises. Nous n'avons plus rien à dire sur une foule de choses qui nous tiennent à cœur, comme la couleur de notre enseigne extérieure ! »

* *Un événement urgent, précis :*

  « M. Laramée se demandait quel sens il devait attribuer à la demande que son directeur de banque lui avait faite au téléphone : "Pourquoi veut-il que lundi, à 10 heures précises, j'aille lui présenter mes mouvements de trésorerie pour les 6 prochains mois ? Il exagère !" »

* *Un fait :*

  « Les dirigeants d'IKEA venaient d'apprendre que Sears voulait se lancer dans la vente des meubles à assembler. Ils se demandaient comment interpréter cette nouvelle. »

* *Un fait qui capte l'attention :*

  « Les deux hommes que je viens de faire entrer dans le bureau de mon patron ressemblent à des agents de la GRC. "Ne pensez-vous pas, Madame Rioux, qu'il se passe des choses dans l'entreprise depuis deux ou trois semaines ?" dit à voix basse la secrétaire du contrôleur tout en essayant de saisir des bribes de la conversation qui s'amorce dans le bureau du patron. »

* *Un rôle à jouer :*

  « Pour expliquer la baisse du volume des ventes de shampooing pour bébés, vous décidez, en tant que directeur du marketing de l'entreprise, de faire appel à un conseiller en marketing. Avec les dirigeants de l'entreprise, vous vous apprêtez à lire la note que le conseiller vous a fait parvenir en vue de préparer votre prochaine rencontre avec lui. »

Le développement   Pour communiquer efficacement, il faut suivre trois étapes :

* *indiquer aux lecteurs ce dont il sera question dans le texte ;*
* *leur dire ce que l'on a à dire ;*
* *leur rappeler ce que l'on a dit.*

Un bon texte, de même qu'une bonne conférence, comporte :

1. une *introduction,* où l'on indique ce dont on va parler ;

2. un *développement,* où l'on dit ce que l'on a à dire ;

3. une *conclusion,* où l'on rappelle aux lecteurs ce qu'on leur a dit.

Nous avons déjà précisé le rôle de l'introduction. Voyons maintenant comment amener le développement, lequel traite des éléments sur lesquels portera la discussion.

Comme l'information vient de sources diverses, le rédacteur doit l'ordonner. On peut être tenté d'objecter que, à ce stade, il y a déjà interprétation des faits puisque ceux-ci ont été résumés et classés. Le rédacteur doit passer outre à cette objection.

Pour demeurer objectif, on prendra garde à l'importance qu'on accorde, consciemment ou non, à l'un ou l'autre des faits. Il est préférable de laisser les autres souligner ce qu'ils jugent important. Le bon rédacteur se reconnaît à l'art avec lequel il amène les dialogues ou exprime ses opinions.

Le développement ne doit pas être une suite décousue de paragraphes. Il est important, quel que soit le style que l'on a choisi (historique, logique, etc.) de diviser la matière du développement en plusieurs sections pour orienter le lecteur. Les cas comportent souvent des annexes de complexité variable. Le rédacteur doit alors décider s'il inclura uniquement ce qui est pertinent ou s'il simulera la réalité en intégrant dans son exposé des éléments non essentiels pour l'analyse.

La couleur des yeux du patron et son goût pour la cuisine ne sont pas des faits qui ont rapport à la demande du directeur de banque de préparer les mouvements de trésorerie de l'entreprise. D'un autre côté, les étudiants ne doivent pas croire que tous les problèmes de gestion se présentent de façon concise et que la vérité se trouve facilement.

Que ce soit dans les annexes ou dans le développement, le rédacteur peut brouiller les pistes afin de coller le plus possible à la réalité. C'est un choix particulièrement intéressant.

Parfois, pour donner plus de réalisme au cas, ou tout simplement pour alléger le texte, le rédacteur utilise des illustrations montrant, par exemple, le produit, la disposition des lieux, l'organigramme de l'entreprise, etc.

Depuis quelques années, les cas sont accompagnés d'une disquette sur laquelle se trouvent enregistrées, par exemple, des données financières. L'étudiant est alors appelé à travailler sur un micro-ordinateur.

Il arrive également que l'on invite en classe les personnes qui font l'objet du cas. Cette approche est plus « vivante » (en anglais, on dit *living case*). Cela comporte des avantages et des inconvénients. Le principal avantage est que les étudiants sont plus assidus au cours, l'approche apportant un maximum de réalisme et stimulant la discussion. Parmi les inconvénients, mentionnons le fait qu'il y a un risque à laisser parler en classe des personnes qui ont vécu le cas de l'intérieur. Il arrive parfois que la discussion cesse et fasse place au monologue. L'enseignant doit veiller à ce que les invités n'interviennent que vers la fin de la discussion.

Ce genre de discussion constitue une forme d'apprentissage, mais, lorsque arrive la période des questions posées aux invités, on peut se demander si on a affaire à la méthode des cas ou à la maïeutique !

Des personnes compétentes dans un domaine particulier ne deviennent pas tout à coup des enseignants une fois qu'elles sont entrées dans la salle de cours. Le besoin de justifier une décision ou de trop insister sur la valeur d'une stratégie peut amener les invités à détourner la classe de l'objectif d'apprentissage. C'est un obstacle à éviter. L'invité vient en classe non pas pour résoudre ses problèmes, mais plutôt pour aider à remplir une fonction pédagogique. Cette période passée avec les étudiants et l'enseignant doit servir à autre chose qu'à la consultation.

Quelques obstacles à éviter

- *Un cas sans objet défini : il est difficile de savoir de quoi il s'agit au juste.*
- *Trop de détails superflus : on s'y perd et on a peu de temps pour étudier le cas.*
- *Exposé mal construit : on passe constamment du coq à l'âne.*
- *Trop de développements théoriques : le cas ressemble trop à un cours théorique ou à un article de revue spécialisée.*
- *Contexte mal défini : on ne sait où cela se passe ni quand.*
- *Pas de personnages : donc pas de dialogue et probablement pas d'histoire non plus.*
- *Pas de conflits d'opinions et de tendances : tout est simplifié, cela ne ressemble pas à la vraie vie.*
- *Intérêt mal soutenu : on s'ennuie, on aimerait entendre une histoire.*
- *Trop d'allusions qui ne seront comprises que par les initiés.*

Inspiré de *Twenty five Questions to Ask as You Begin to Develop a New Case Study*, HBS 9-391-042.

La note pédagogique... si on veut donner une diffusion plus large à un cas Les enseignants utilisent régulièrement des cas qu'ils n'ont pas rédigés eux-mêmes. Ils puisent souvent dans des répertoires de cas ou des ouvrages de gestion. Bon nombre d'entre eux choisissent de préférence des cas pour lesquels le rédacteur a pris soin de rédiger une note pédagogique.

Cette note est autre chose qu'un corrigé du cas. Son importance varie beaucoup d'un cas à un autre. La note pédagogique fournit, en général, l'information suivante :

- un énoncé de l'objectif pédagogique visé ;

- des calculs (ratios, arbre de décision, etc.) lorsque le cas s'y prête ;

- des indications sur les principaux sujets qui pourront être examinés au cours de la discussion ;

- des références à des textes qui traitent des aspects théoriques du cas.

Dans la mesure où le rédacteur veut que d'autres enseignants puissent utiliser le cas, il est important de leur fournir cette note. La note pédagogique aide les enseignants à améliorer leur cours et elle permet d'éviter que le cas ne soit utilisé dans un contexte inapproprié.

Rappel : pour mentionner le nom d'une entreprise ou d'une personne dans un cas (en classe ou dans un texte), à plus forte raison si on désire diffuser le cas, il est absolument nécessaire d'avoir obtenu l'autorisation de l'entreprise ou de la personne. Sinon, on s'expose à des poursuites judiciaires.

4.4 **Conclusion**

La rédaction et l'enseignement de cas sont l'avers et le revers d'une pièce de monnaie ou encore les deux termes d'une équation qui relient les principaux éléments agissant directement sur l'efficacité et le succès de la méthode des cas :

$$S = f\,[\,k\,(E + R)\,n\,]$$

Le succès (S) de l'enseignement de la gestion par la méthode des cas dépend de plusieurs facteurs dont il est en quelque sorte fonction (f) :

- une série de paramètres (k), comme la volonté de l'organisation de mobiliser des ressources matérielles pour un but déterminé, la préparation et l'expérience pratique des étudiants, l'utilisation plus ou moins étendue de la méthode des cas dans le programme ;

- la qualité de l'enseignement qui est offert (*E*) associée au travail de rédaction de cas (*R*) à saveur locale ;

le tout prenant de l'importance (*n*) selon le degré d'utilisation de cette méthode dans le programme.

De façon générale, on enseigne mieux les cas, ou on se sent plus à l'aise pour les enseigner, quand on en rédige soi-même. Cela devrait inciter les enseignants qui croient à la valeur de la méthode des cas à écrire, car plusieurs d'entre eux ont déjà rédigé des articles.

Un rappel, en terminant. L'objectif poursuivi est de faciliter l'apprentissage de la gestion. La pierre de touche de la valeur d'une méthode ou d'un outil pédagogique réside dans l'atteinte de cet objectif. La rédaction de cas n'est pas une fin en soi ; elle n'est que l'un des nombreux outils dont dispose l'enseignant pour améliorer son enseignement.

4.5 **Lectures recommandées**

BERGADAÀ, M. *Gestion et pédagogie : une approche nouvelle illustrée par la méthode des cas*, Paris, McGraw-Hill, 1990.

CHRISTENSEN, C.R. (dir.). *Education for Judgement*, Boston, Harvard Business School Press, 1991.

MCCORMACK, M.H. *What They Don't Teach You at the Harvard Business School*, New York, Bantam Books, 1984.

BIBLIOGRAPHIE

ALLAIRE, Y. et M. FIRSIROTU. « La stratégie commerciale et industrielle », dans M.G. Bédard et R. Miller (dir.), *La direction des entreprises. Une approche systémique, conceptuelle et stratégique*, Montréal, Chenelière/McGraw-Hill, 2003.

ANDREWS, K. *The Case Method of Teaching Human Relations and Administration*, Cambridge, Harvard University Press, 1955.

ARBOUSSE-BASTIDE, P. *La méthode des cas et la formation au commandement*, Paris, Dunod, 1963.

ARGUIN, G. « Le plan de cours : élément d'une planification stratégique », dans *Actes du Congrès de Montréal*, AIPU, 1990.

ARGYRIS, C. *Organizational Learning : A Theory of Action Perspective*, Reading (Mass.), Addison Wesley, 1978.

ARGYRIS, C. et D.A. SCHÖN D.A. *Theory in Practice Increasing Professional Effectiveness*, San Francisco, Jossey Bass, 1989.

AXELROD, J. « From Counterculture to Counter-Revolution : A Teaching Career », 1959-1984, dans *New Directions for Teaching and Learning*, n° 1, 1980, p. 7-20.

BÉDARD, M.G. et R. MACDONALD. « L'analyse de cas en administration », dans *La direction des entreprises : concepts et applications*, Montréal, McGraw-Hill Éditeurs, 1985.

BÉDARD, M.G. et R. MILLER. *La direction des entreprises. Une approche systémique, conceptuelle et stratégique*, Montréal, Chenelière/McGraw-Hill, 2003.

BENNE, K.D. « La méthode des cas dans la formation des directeurs administratifs », dans *Revue Hommes et Techniques*, n° 169, 1959.

BENNET, E.D. et autres. *Business Policy : Cases in Managerial Decision Making*, Columbus (Ohio), C.E. Merril Publishing Company, 1970.

BENNETT, J.B. et P. CHAKRAVARTHY. « What Awakens Student Interest in a Case? », *HBS Bulletin*, mars-avril 1978, p. 12-15.

BERGADAÀ, M. *Gestion et pédagogie : une approche nouvelle illustrée par la méthode des cas*, Paris, McGraw-Hill, 1990.

BOUTEILLER, D. « Former pour performer : les enjeux du développement des compétences en entreprise », *Gestion* (Racines du savoir), 2000.

BURSK, E.C. *How to Increase Executive Effectiveness*, Pittsburg, Harvard University Press, 1954.

BURTON, W.H. *Education for Professional Responsibility*, Pittsburg, Carnegie Press, 1946.

CHRISTENSEN, C.R., D.A. GARVIN et A. SWEET. *Education for Judgment : The Artistry of Discussion Leadership*, Boston, Harvard Business School Press, 1991.

CITEAU, J.-P. *Gestion des ressources humaines. Principes généraux et cas pratiques*, 4e éd., Paris, Armand Colin, 2002.

CLAWSON, J.B. et C.F. SHERWOOD, Jr. « Mapping Case Pedagogy », dans *The Organizational Behavior Teaching Review*, vol. 11, n° 1, 1986-1987, p. i-9.

COHEN, P. *The Gospel, According to the Harvard Business School* (1973).

CROW, M.L. « Teaching in an Interactive Process », dans *New Directions for Teaching and Learning*, n° 1, 1980, p. 41-56.

CULLITON, J.W. *Handbook on Case Writing*, Makati, Philippines, Asian Institute of Management, 1973, p. 1.

DAVIES, I.K. *L'art d'instruire*, Suresnes, Paris, Éd. Hommes et techniques, 1976.

DE BRUYNE, P. « Introduction à la méthode des cas dans l'enseignement de l'administration des entreprises », dans *Annales de sciences économiques appliquées*, tome XV, 2, 1957.

FONTAINE, F. *Les objectifs d'apprentissage*, Service pédagogique (document interne), Montréal, Université de Montréal, 1980.

FOUCHER, R. « L'autoformation reliée au travail : jalons pour un état de la question », dans R. Foucher (dir.), *L'autoformation au travail. Apports européens et nord-américains pour l'an 2000*, Montréal, Éditions nouvelles, p. 12, 2000.

FOUCHER, R. et A. GOSSELIN. « L'autoformation : opportunité ou menace pour les psychologues du travail ? », présentation à la SQPTO, 2001.

HARVARD BUSINESS SCHOOL. *Twenty-five Questions to Ask as You Begin to Develop a New Case Study*. HBS 9-391-042, 1990.

HARVARD BUSINESS SCHOOL. *Problem Identification* (document), EA-G-334, Cambridge, 1971.

HARVARD BUSINESS SCHOOL. *Note on the Use of Evidence* (document), EA-G-312R, Cambridge, 1968, révisé en 1969.

HARVARD BUSINESS SCHOOL CASES. Cas 9-391-042 en date du 13 août 1990.

HUNT, P. « The Case Method of Instruction », dans *Harvard Educational Review*, vol. 21, n° 3, 1951.

JAIN, S. et autres. *Case Writing do's and don'ts*, Chapel Hill, Dept. of Health Admin., University of North Carolina, 1975.

LAPIERRE, L. *Éléments de définitions. Cas et méthode des cas*, Montréal, Centrale de cas HEC, 2002.

LAPIERRE, L. *L'art de ne pas enseigner*. Montréal, Centrale de cas HEC, 2001.

LEBOTERF, G. *L'ingénierie des compétences*, Paris, Les Éditions d'Organisation, 1995.

LEENDERS, M.R. et J.A. ERSKINE. *The Case Writing Process*, London, Research and Publications Division, School of Business Administration, University of Western Ontario, 1978, p. 2.

LEENDERS, M.R., J.A. ERSKINE et L.A. MAUFFETTE-LEENDERS. *Learning with Cases*, 2e éd., IVEY, 2001.

LOCKLEY, L.C. et autres. *The Case Method, Cases in Marketing*, Allyn and Bacon, 1971.

McCORMACK, M.H. *What They Don't Teach You at the Harvard Business School*, New York, Bantam Books, 1984.

McNAIR, M.P. *The Case Method at the Harvard Business School*, New York, McGraw-Hill Book Company, 1954.

MUCCHIELLI, R. *La méthode des cas*, Paris, 7ᵉ éd., Éditions ESF — Entreprise moderne d'édition, Librairies techniques, 1987, 78 p.

PIGORS, P. *Case Method. Training and Development Handbook*, New York, McGraw-Hill Book Company, 1967.

PITSILADIS, P. «A Guide to the Case Method and Report Writing» (manuscrit), Montréal, Université Concordia, 1975.

RONSTADT, R. *The Art of Case Analysis. A Guide to the Diagnosis of Business Situations*, Boston, Lord Publishing, 1977.

SCHNELLE, E. *Case Analyses and Business Problem Solving*, New York, McGraw-Hill Book Company, 1967.

SCHÖN, D.A. *The Reflective Practitioner: How Professionals Think in Action*, Boston, Basic Books, 1983, 374 p.

SCHÖN, D.A. *Le praticien réflexif, à la recherche du savoir caché dans l'agir professionnel*, Québec, Les Éditions Logiques, 1994 (coll. «Formation des maîtres»).

SHAPIRO, B.P. *An introduction to Cases*, document nᵒ 9-584-097, distribué par la University of Western Ontario, Boston, Harvard Business School, 1984.

SPENCER, L.M. et S.M. SPENCER. *Competence at Work. Models for Superior Performance*, New York, John Wiley and Sons, 1993.

WASSON, C.R. *Introduction: Case Analysis. Cases in Buying Behavior and Marketing Decisions*, Challenge Books, 1969.

SITES INTERNET

Vous trouverez ci-dessous quelques sites importants pour l'étude des cas.

Le site de la Harvard Business School Publishing

http://www.hbsp.harvard.edu/home.html

Allez à la page *For Educators.*

Voici quelques articles se rapportant à la rédaction de cas qu'il est possible de télécharger à partir de ce site :

- « Developing a Teaching Case », préparé par le professeur M. Roberts * 9-900-001 : 43 pages de textes qui vous guident dans toutes les étapes de la rédaction de cas. Un incontournable !

- « Writing Cases : Tips and Pointers », rédigé par Jane Linder * 9-391-026.

- « Writing Cases and Teaching Notes », rédigé par E. Raymond Corey en 1998 * 9-399-077. L'auteur explique entre autres choses pourquoi des entreprises acceptent de collaborer à la rédaction de cas de gestion.

- « Twenty-five Questions to Ask as You Begin to Develop a New Case Study », rédigé par Mary C. Gentile * 9-391-042. Nous avons fait référence à cet article dans le chapitre 4. Assorti de conseils très pratiques.

Pour obtenir d'autres conseils pratiques, consultez les extraits de la « Harvard Management Communication Letter », contenus dans le même site.

Exemples de texte :
- « How to Begin, When to End », par Richard Bierck ;
- « Ten Principles of Good Business Writing », par John Clayton ;
- « Writing in Scenarios », également par John Clayton.

Un site international de rédaction de cas

Voici un autre site intéressant pour les professeurs désireux de faire partie d'un réseau international de rédacteurs de cas qui se réunissent pour discuter des nouvelles acquisitions dans le domaine :

http://www.wacra.org

D'autres sites portant sur la méthode des cas

Case Net :
http://casenet.thomsonlearning.com/casenet_global_fr.html

European Case Clearing House :
http://www.ecch.cranfield.ac.uk/ecch2.html

Nacra :
http://nacra.net/

Stanford University :
http://www.stanford.edu/class/ee353/case.html

University of Maryland :
http://www.wam.umd.edu/~mlhall/teaching.html

W. P. Carey :
http://www.cob.asu.edu/fac/ABhatt/ISTeachingCases.html

Adresses électroniques des auteurs

Michel G. Bédard :   bedard.michel_g@uqam.ca

Paul Dell'Aniello :   pauldellaniello@yahoo.com

Danielle Desbiens :   desbiens.danielle@uqam.ca